CONTES ET ENTRETIENS

Du même auteur
dans la même collection

LES BIJOUX INDISCRETS
ENTRETIEN D'UN PHILOSOPHE AVEC MADAME LA MARÉCHALE DE *** (édition avec dossier)
ENTRETIEN ENTRE D'ALEMBERT ET DIDEROT. LE RÊVE DE D'ALEMBERT. SUITE DE L'ENTRETIEN
ENTRETIENS SUR LE FILS NATUREL. DISCOURS SUR LA POÉSIE DRAMATIQUE. PARADOXE SUR LE COMÉDIEN
ENTRETIENS SUR LE FILS NATUREL. PARADOXE SUR LE COMÉDIEN
JACQUES LE FATALISTE (édition avec dossier)
LE FILS NATUREL. LE PÈRE DE FAMILLE. EST-IL BON ? EST-IL MÉCHANT ?
LETTRE SUR LES AVEUGLES. LETTRE SUR LES SOURDS ET MUETS (édition avec dossier)
LE NEVEU DE RAMEAU (édition avec dossier)
PARADOXE SUR LE COMÉDIEN (édition avec dossier)
PENSÉES PHILOSOPHIQUES. ADDITION AUX PENSÉES PHILOSOPHIQUES
PENSÉES SUR L'INTERPRÉTATION DE LA NATURE
LA RELIGIEUSE (édition avec dossier)
LE RÊVE DE D'ALEMBERT
SUPPLÉMENT AU VOYAGE DE BOUGAINVILLE. PENSÉES PHILOSOPHIQUES. LETTRE SUR LES AVEUGLES

DIDEROT

CONTES ET ENTRETIENS

MYSTIFICATION
LES DEUX AMIS DE BOURBONNE
ENTRETIEN D'UN PÈRE AVEC SES ENFANTS
CECI N'EST PAS UN CONTE
MME DE LA CARLIÈRE
ENTRETIEN D'UN PHILOSOPHE
AVEC MADAME LA MARÉCHALE DE ***

Présentation, chronologie et archives de l'œuvre
par Lucette PEROL

Bibliographie mise à jour en 2013
par Cécile ALVAREZ

GF Flammarion

ISBN : 978-2-0812-9713-5

CHRONOLOGIE

1713 *(5 octobre)* : Naissance à Langres de Denis Diderot, fils de Didier Diderot, maître coutelier, et d'Angélique Vigneron, son épouse.

1715 : Naissance de Denise Diderot, « sœurette ».

1722 : Naissance de Didier-Pierre Diderot, qui deviendra prêtre.

1723-1728 : Etudes de Denis Diderot chez les Jésuites de Langres.

1726 : Il reçoit la tonsure afin de pouvoir succéder à son oncle le chanoine Didier Vigneron.

1728 : Didier Vigneron meurt, mais Diderot ne reçoit pas le canonicat. Il vient à Paris pour achever ses études au collège d'Harcourt (foyer janséniste).

1732 : Il est reçu maître ès arts de l'Université de Paris.

1733-1735 : Il travaille à l'étude de l'avoué Clément de Ris, Langrois d'origine.

1736-1740 : Il mène une vie de bohème, fait des dettes, lit beaucoup, s'intéresse aux Anciens.

1741 : Il courtise Antoinette Champion, lingère.

1742 : Premier travail d'écrivain, une traduction de l'*Histoire de Grèce* de l'anglais Temple Stanyan. Rencontre de Rousseau. Voyage à Langres *(décembre)* pour obtenir l'autorisation paternelle d'épouser Antoinette.

1743 : Diderot est interné dans un monastère près de Troyes sur ordre de son père qui s'oppose à son mariage. Diderot s'enfuit *(février)*, revient à Paris et épouse secrètement Antoinette. La famille ne l'apprendra que six ans plus tard.

1745 : Diderot publie une traduction très libre de l'*Essai sur le Mérite et la Vertu* de Shaftesbury, première manifestation de son intérêt pour les problèmes de morale. Liaison avec Mme de Puisieux, femme de lettres.

1746 : Première œuvre personnelle publiée anonymement : les *Pensées philosophiques*, condamnées au feu par le Parlement. Diderot est engagé avec d'Alembert pour l'*Encyclopédie*. Didier, le frère de Diderot, est ordonné prêtre.

1747 : Diderot et d'Alembert prennent la direction de l'*Encyclopédie*. Diderot rédige *la Promenade du Sceptique ou les Allées*, œuvre qui demeurera manuscrite. Il est surveillé par la police.

1748 : Diderot publie anonymement *les Bijoux indiscrets* puis sous son nom des *Mémoires sur différents sujets de Mathématiques*.

1749 : Diderot publie en juin la *Lettre sur les Aveugles à l'usage de ceux qui voient*. En juillet il est arrêté, enfermé à Vincennes d'où il sera libéré le 3 novembre après avoir signé un engagement de soumission. Diderot s'est lié avec d'Holbach et Grimm.

1750 : Il rédige et diffuse le prospectus de lancement pour l'*Encyclopédie*.

1751 : Il publie la *Lettre sur les Sourds et Muets* traitant de questions de grammaire et d'esthétique, accompagnée d'une longue addition dédiée à Mlle de la Chaux (voir « Archives de l'œuvre »). Publication du 1er tome de l'*Encyclopédie*.

1752 : Tome II de l'*Encyclopédie*. Un arrêt condamnant l'*Encyclopédie* est rapporté grâce à l'intervention de Mme de Pompadour. *Apologie de l'Abbé de Prades* où Diderot s'en prend aux détracteurs de l'*Encyclopédie*. Il se réconcilie avec son père, et sa femme se rend à Langres.

1753 : Naissance de sa fille, Angélique *(septembre)*.

Tome III de l'*Encyclopédie (novembre). De l'Interprétation de la Nature (décembre).*

1754 : Tome IV de l'*Encyclopédie.* D'octobre à décembre voyage à Langres auquel se réfère l'*Entretien d'un Père avec ses Enfants.*

1755 : Début de la correspondance avec Sophie Volland, de trois ans moins âgée que Diderot. Tome V de l'*Encyclopédie.* Publication par Rousseau du *Discours sur l'Origine de l'Inégalité.*

1756 : Tome VI de l'*Encyclopédie.* Début de la collaboration de Diderot à la *Correspondance littéraire* de Grimm, périodique manuscrit et confidentiel envoyé à quelques abonnés des cours européennes.

1757 *(février)* : Publication du *Fils naturel,* suivi des *Entretiens sur le Fils naturel. Dorval et moi.* Première brouille avec J.-J. Rousseau *(novembre).* Tome VII de l'*Encyclopédie* contre laquelle les attaques se développent.

1758 : Rupture définitive avec Rousseau. Publication du *Père de Famille* et du *Discours sur la Poésie dramatique.*

1759 : L'*Encyclopédie* condamnée par le Parlement puis par le Conseil du Roi. Les éditeurs décident de continuer clandestinement l'impression. *(10 mai)* Première lettre conservée de Diderot à Sophie Volland. *(Juin)* Mort du père de Diderot à Langres. *(Juillet-août)* Voyage et séjour à Langres. *(Septembre-novembre)* Séjour au Grandval, propriété du baron d'Holbach, près de Boissy-Saint-Léger. Diderot y rédige son premier *Salon* destiné comme les suivants à la *Correspondance littéraire.*

1760 : Mystification montée par Grimm d'où sortira *la Religieuse.* Première représentation des *Philosophes* de Palissot. Diderot travaille à la *Religieuse.* Il écrit trois brefs dialogues, *Mon père et moi, La Marquise de la Claye et Saint-Alban, Cinq-Mars et Derville* qui ne seront publiés qu'en 1818.

1761 : La Comédie-Française joue *Le Père de famille*. Deuxième *Salon*. Révision des derniers tomes de l'*Encyclopédie*. Mort de Richardson.

1762 : Publication de l'*Eloge de Richardson*. Ebauche du *Neveu de Rameau*. Diderot refuse la proposition de faire terminer l'impression de l'*Encyclopédie* en Russie aux frais de Catherine II.

1763 : *Troisième Salon. Mémoire sur la liberté de la presse* qui ne sera publié qu'en 1861.

1764 : Diderot termine l'*Encyclopédie* et découvre que le libraire Le Breton a mutilé le texte des dix derniers volumes.

1765 : Catherine II achète la bibliothèque de Diderot et lui en laisse la disposition. Début des relations entre Diderot et Naigeon. Quatrième *Salon*. *Essais sur la Peinture* qui ne seront publiés qu'en 1796.

1766 : Les dix derniers volumes de l'*Encyclopédie* sont livrés aux souscripteurs dans une semi-clandestinité. Correspondance avec Falconet qui séjourne en Russie.

1767 : Diderot travaille à son cinquième *Salon*.

1768 *(21 septembre)* : Lettre à Sophie Volland : « Vous savez bien, ces portraits du prince qu'on me chargeait de retirer, cela est devenu une mystification dont il y a déjà un demi-volume d'écrit. Je réserve tout cela pour les mortes-saisons. L'histoire des portraits, que je les obtienne ou non, vous fera dire que je suis quelquefois un grand scélérat. » Achèvement du cinquième *Salon*.

1769 : Liaison de Diderot avec Mme de Maux. Il assure en l'absence de Grimm parti pour l'Allemagne la rédaction de la *Correspondance littéraire*. *(Août)* Reprise du *Père de famille* avec un succès marqué. Rédaction du *Rêve de d'Alembert* (qui ne sera publié qu'en 1830). Suicide de Desbrosses, acteur de *Mystification*. Achèvement de *Mystification ou Histoire des Portraits* qui restera inédit jusqu'en 1954.

1770 : Fiançailles d'Angélique, fille de Diderot, avec Caroillon de Vandeul, maître de forges. *(Juillet-*

août) Voyage à Langres qui fait revivre le souvenir du père disparu, et à Bourbonne où séjournent Mme de Maux et sa fille, Mme de Prunevaux. Première version du conte *Les Deux Amis de Bourbonne* qui figurera, complétée, dans la *Correspondance littéraire* de 1770. *(Septembre)* Diderot commence la rédaction de l'*Entretien d'un Père avec ses Enfants* qui paraîtra dans la *Correspondance littéraire* du 1er mars 1771, mais qu'il ne cessera jusqu'à sa mort de retoucher et d'enrichir d'anecdotes nouvelles.

1771 : Première rédaction de *Jacques le Fataliste.* Septième *Salon.* Compte rendu du *Voyage de Bougainville* pour la *Correspondance littéraire.* A l'occasion d'achats de tableaux pour le compte de Catherine II, Diderot entre en relations avec la Maréchale de Broglie.

1772 *(9 septembre)* : Mariage d'Angélique. La brouille latente de Diderot avec son frère l'abbé se confirme. *(23 septembre)* Diderot achève *Ceci n'est pas un conte* (inséré en 1773 dans la *Correspondance littéraire*) et *Madame de la Carlière,* qui ne seront publiés qu'en 1798. *(Octobre)* Première rédaction du *Supplément au Voyage de Bougainville* (*Correspondance littéraire* 1773-1774, publication en 1796). Diderot collabore à l'*Histoire des Deux Indes* de l'abbé Raynal. Il travaille au *Neveu de Rameau,* qui ne sera connu qu'en 1805 par une traduction allemande de Goethe. Première édition des *Œuvres* de Diderot, à son insu, à Amsterdam.

1773 *(janvier)* : *Paradoxe sur le Comédien. (Février)* Publication des *Deux Amis de Bourbonne* et de l'*Entretien d'un Père avec ses Enfants* joints à une traduction des *Idylles* de Gessner. *(Juin)* Départ pour la Russie à l'invitation de Catherine II. Séjour de deux mois à La Haye. *(8 octobre)* Arrivée à Saint-Pétersbourg. Début du séjour de cinq mois auprès de Catherine II.

1774 *(mars)* : Diderot quitte Saint-Pétersbourg.

(Avril-septembre) Deuxième séjour à La Haye. Diderot travaille à la *Réfutation d'Helvétius* et rédige les *Observations sur le Nakaz*. Le 12 septembre, il écrit à Catherine II : « J'ai ébauché un petit dialogue entre la Maréchale de *** et moi. Ce sont quelques pages moitié sérieuses et moitié gaies. » L'*Entretien d'un Philosophe avec la Maréchale de **** paraîtra en 1775 dans la *Correspondance littéraire* et sera publié en 1777 à Amsterdam à la suite des *Pensées philosophiques en français et en italien* dans un recueil attribué à Thomas Crudeli. *(Octobre)* Retour à Paris.

1775 : *Plan d'une Université pour la Russie* et *Essai sur les Etudes en Russie* à l'intention de Catherine II. Travaux mathématiques. Huitième *Salon*.

1777 : Diderot travaille à l'*Histoire des Deux Indes* et prépare une édition complète de ses œuvres qui ne verra pas le jour.

1778 : Début de la publication de *Jacques le Fataliste* dans la *Correspondance littéraire*. Publication de l'*Essai sur la Vie de Sénèque le Philosophe*.

1780 : Début des livraisons de *La Religieuse* dans la *Correspondance littéraire*. La publication s'achèvera en mars 1783.

1781 : Neuvième *Salon*. *Est-il bon, est-il méchant ?* qui ne sera publié qu'en 1834.

1782 : Publication de l'*Essai sur les règnes de Claude et de Néron* qui reprend dans une perspective plus personnelle l'*Essai sur la Vie de Sénèque* publié en 1778.

1783 : Diderot malade. Mort de d'Alembert.

1784 *(19 février)* : Diderot frappé d'apoplexie.
(22 février) : Mort de Sophie Volland.
(31 juillet) : Mort de Diderot dans son nouvel appartement de la rue Richelieu.

1785 : Mme de Vandeul expédie à Catherine II la bibliothèque de son père et une collection complète de ses manuscrits (actuel fonds de Leningrad).

1798 : Edition complète des *Œuvres* de Diderot par les soins de Naigeon.

1821-1823 : Edition complète des *Œuvres* de Diderot (Brière).

1875-1877 : Edition complète des *Œuvres* de Diderot par Assézat et Tourneux chez Garnier.

INTRODUCTION

Le mot de conte, pour un lecteur de notre temps, évoque des œuvres bien diverses : pour s'en tenir à la France, les anecdotes galantes du XVIe siècle, aussi bien que le récit merveilleux que pratiquaient Perrault et Mme d'Aulnoy, les jongleries brillantes de Voltaire et les *Contes moraux* — si moraux ! — de Marmontel, et puis, un siècle après Diderot, la nouvelle bien ancrée dans la réalité sociale du XIXe siècle qu'a illustrée Maupassant. Qu'est-ce qu'un conte pour Diderot ? « *C'est un récit fabuleux en prose ou en vers, dont le mérite principal consiste dans la variété et la vérité des peintures, la finesse de la plaisanterie, la vivacité et la convenance du style, le contraste piquant des événements.* » Telle est la définition qu'il en donne lui-même, pour l'*Encyclopédie* il est vrai. Dans sa pratique personnelle, il n'est plus question de vers, ni de « fabuleux » ; c'est un récit oral ou écrit, généralement enlevé, plus développé que ceux qu'il appelle anecdotes, et où la part de la création littéraire est sensible. Lorsqu'il refuse à un récit le nom de conte, c'est pour garantir l'authenticité du fait brut : « *Ne prenez pas ceci pour un conte, c'est un fait que cent personnes dignes de foi m'ont attesté et pourraient encore vous attester.* » Mais lorsqu'il écrit à Grimm « je vous porterai les deux contes » et que l'un de ceux-ci s'intitule « Ceci n'est pas un conte », il faut bien admettre que la désignation du genre ne préjuge en rien de la véracité des faits contés.

En tout cas, c'est la réalité de la vie que Diderot choisit comme cadre de ses contes, plus proche en cela à nos yeux de Maupassant que de ses contemporains et prédécesseurs. Il situe les faits là où il est, à Paris, à Bourbonne ou à Langres, quand il y est ou quand il vient d'y séjourner. Il est lui-même un personnage de tous ses contes, sauf des *Deux Amis de Bourbonne* où il intervient encore comme garant des documents rassemblés. A qui se demanderait si les gens qu'il met en scène ont réellement vécu, il offre la caution de personnages dont l'existence est repérable même au lecteur de notre temps, bien qu'ils n'aient pas l'envergure historique : les membres de sa propre famille, Mlle de la Chaux associée à l'élaboration de la *Lettre sur les Sourds et Muets* (voir p. 205), la maréchale de Broglie dont la famille est assez illustre pour avoir ses historiens. Des silhouettes passent, au nom connu de tous : Falconet, Maurepas, Mme de Pompadour. Il se donne un interlocuteur à l'identité parfois imprécise et échange avec lui d'un air entendu des allusions qui authentifient pour le lecteur tel personnage dont les chercheurs pourront ensuite s'ils le veulent s'épuiser à retrouver la trace. C'est qu'il veut donner à ses contes la vertu qu'il admire dans les romans de Richardson : « *Il me montre le cours général des choses qui m'environnent. Sans cet art, mon âme se pliant avec peine à des biais chimériques, l'illusion ne serait que momentanée et l'impression faible et passagère.* » Il s'en explique en d'autres termes à la fin des *Deux Amis de Bourbonne* lorsqu'il fait une typologie du conte et range les siens parmi les contes « historiques », sous le patronage de Scarron et de Cervantès. Il y faut satisfaire « *à deux conditions qui semblent contradictoires, d'être en même temps historien et poète, véridique et menteur* ». Dans ces conditions, qu'importe que *Ceci n'est pas un conte* mette sur le même plan les problèmes bien réels de Mlle de la Chaux et ceux du couple imaginaire Tanié-Reymer ? que l'histoire de Desroches et de Mme de la Carlière ait été vécue ou ait seulement pu l'être ? que les cas de conscience introduits à des dates différentes dans l'*Entretien d'un Père avec ses Enfants* soient de l'expérience ou de l'imagination de Diderot ? Il reste qu'il a voulu situer dans la vie et non dans l'imaginaire les faits et les gens qu'il met en scène, tout en se réservant la possibilité de choisir ou d'extrapoler selon les besoins de la réflexion.

L'originalité du conte chez Diderot.

C'est en effet de réflexion qu'il s'agit, de réflexion morale. Cette façon particulière à Diderot de concevoir le genre du conte n'est pas la mise en œuvre d'un genre préexistant. Ce n'est pas non plus le simple choix d'une forme pour exprimer un contenu sur lequel il aurait déjà largement réfléchi. Mettons à part l'*Entretien avec la Maréchale,* le dernier de tous, où l'aisance du philosophe constamment maître du jeu en face de son interlocutrice révèle les mises au point successives du sujet par lequel il entra en littérature trente ans plus tôt avec une traduction très personnelle de l'*Essai sur le Mérite et la Vertu* de Shaftesbury : quels sont les rapports entre morale et religion. Dans les cinq autres textes, tous se passe comme si, ayant retenu de quelque conversation un cas de conscience qui l'intéresse, il récréait, en les vivant lui-même par l'imagination tout près des personnages ou au milieu d'eux, des épisodes dont ni l'issue ni la signification ne sont claires pour lui au départ. La « commémoration » que voulait être *Le Fils naturel* n'est pas si différente. *Mystification* est révélateur à cet égard. Diderot y revit au jour le jour, pour le plaisir de Sophie sans doute et pour le sien, une authentique plaisanterie montée non sans cruauté aux dépens d'une bien réelle Mlle Dornet inquiète non sans raison sur sa santé. Il veut voir « ce que cela deviendra » et « cela ne devint rien ». Tant pis, il ne publiera pas. Mais la démarche est pour nous révélatrice de la genèse des contes où l'anecdote « devient » quelque chose. Si elle se trouve plus éloignée de l'auteur dans le temps, comme dans l'*Entretien d'un Père avec ses Enfants,* il abolit la distance en multipliant les détails familiers et sans importance. Si elle ne le concerne pas, il jouera soit le conseiller des personnages comme dans *Ceci n'est pas un conte,* soit le témoin plus engagé qu'il ne paraît dans *Mme de la Carlière.* Si elle est imaginaire comme dans *Les Deux Amis* et s'il ne s'agit au départ que de distraire deux dames en cure à Bourbonne en mystifiant Naigeon coupable d'avoir admiré *Les Deux Iroquois* de Saint-Lambert, ses Oreste et Pylade s'appelleront Olivier et Félix et montreront que les bons sauvages existent bien en deçà des mers, pour qui sait les voir. La distance ainsi abolie entre l'auteur et ses personnages, le lecteur est plongé en plein « vécu ». Mais qu'il ne compte pas rester lui-même spectateur de ce qui se passe. L'invitation est précise au début de *Ceci n'est pas un conte* : « *Lorsqu'on fait un conte, c'est à quelqu'un qui l'écoute, et pour peu que le conte dure, il est rare que le conteur ne soit pas interrompu quelquefois par son auditeur. Voilà pourquoi j'ai introduit dans le récit qu'on va lire et qui n'est pas un conte ou qui est un mauvais conte si vous vous en doutez un personnage qui fasse à peu près le rôle du lecteur, et je commence.* » La confusion voulue entre auditeur et lecteur est déjà révélatrice et nous sommes avertis que la fonction du lecteur de Diderot n'est pas de tout repos. Le prologue est fait pour lui donner le vertige. Il ne sait pas très bien qui parle, et à qui, pourquoi le dialogue commence par une conclusion portant d'ailleurs sur un débat qu'il ignore, et si la désinvolture affectée à l'égard d'un interlocuteur anonyme n'est pas encore une mystification dont il fera lui-même les frais. Ensuite le dialogue se noue, ou plutôt les dialogues. C'est un jeu à plusieurs registres : les échanges entre personnages croisent les répliques de l'auteur et de l'interlocuteur qu'il s'est donné, mais aussi font apparaître entre les premiers et les seconds de modernes connivences. Tout cela a pour effet de créer au cours de la lecture une mobilité particulière de l'attention tantôt engagée dans une intrigue, tantôt invitée à un recul critique, et critique à plusieurs niveaux. La distance entre la vie et la création littéraire tantôt s'abolit, tantôt devient le sujet même de l'intérêt. La fonction du dialogue n'est pas toujours aussi complexe que dans *Ceci n'est pas un conte,* mais son maniement exige du lecteur qu'il soit toujours en alerte. La parole des personnages naît de la narration, s'épanouit en quelques répliques et disparaît, ou bien elle occupe tout le conte, rendant artificielle la distinction de genre entre conte et entretien. Toujours le dialogue porte en lui l'essentiel des éléments du portrait des personnages. Au lecteur de les rassembler. Ce n'est pas toujours simple et c'est à cette complexité que tient la vérité. Diderot prend encore en cela modèle sur Richardson : « *S'il est au fond du personnage qu'il introduit un sentiment secret, écoutez bien et vous entendrez un son dissonant qui le décèlera. C'est que Richardson a reconnu que le mensonge ne pouvait jamais ressembler parfaitement à la vérité parce qu'elle est la vérité et qu'il est le mensonge.* » La vérité dans ce qui est humain, morale et psychologie, n'est donc pas pour Diderot, surtout à l'époque des contes, ce qui est et qu'il suffit de célébrer, mais ce qui, dans les conditions de la vie, n'est jamais aussi simple qu'il n'y paraît, qu'il faut chercher tous ensemble, auteur, lecteur, personnages, derrière des apparences contradictoires, avec des risques d'erreur, des déceptions, des compromis dont il faudra parfois se contenter provisoirement sans en être dupe. Le conte tel que le pratique Diderot convient pour cette recherche par ses limites qui permettent d'isoler un problème difficile, par ses personnages qui en mettent en lumière la complexité, chacun apportant au débat sa vérité, et surtout parce que, le conte étant réputé genre peu sérieux, on ne lui demandera pas d'être complet ni définitif quand la matière est mouvante et complexe et l'auteur incertain de ses conclusions.

La période des Contes.

C'est entre 1768 et 1774 que se place la rédaction de tous les textes brefs qui font l'objet de ce recueil. Ils constituent, avec trois dialogues des environs de 1760, *Cinq-Mars et Derville, La Marquise de Claye et Saint-Alban, Mon père et moi,* où il ne fait pas preuve de la même maîtrise, la totalité de la production de Diderot dans ce genre. Qu'est-ce donc qui caractérise ces six années dans la carrière d'écrivain de Diderot ? En 1768 il en a fini depuis deux ans avec les travaux et les soucis de l'*Encyclopédie* qui pendant vingt années lui a pris tant de temps et d'énergie mais aussi lui a tant apporté en élargissement de ses curiosités et en approfondissement de sa réflexion. Il est « le philosophe », celui que met en scène l'*Entretien avec la Maréchale : « N'êtes-vous pas Monsieur Diderot ? — Oui madame. — C'est donc vous qui ne croyez rien ? — Moi-même.* » C'est la réputation que lui ont faite en particulier les *Pensées philosophiques* et la *Lettre sur les Aveugles* publiées une vingtaine d'années plus tôt avec les désagréments qui s'ensuivirent. Il est aussi l'auteur d'un roman libertin, *Les Bijoux indiscrets,* appartenant à la même période. Mais il est connu aussi pour avoir publié dix ans plus tard deux pièces de théâtre, *Le Fils naturel et Le Père de famille* où la sensibilité le dispute aux intentions moralisantes. Voilà de quoi rendre perplexe la Maréchale, et bien d'autres. Mais si son œuvre personnelle connue du public est à cette date assez limitée, plus vaste et plus complexe est l'œuvre écrite ou en cours d'élaboration. Le séjour au donjon de Vincennes, la responsabilité de l'*Encyclopédie* qui ne lui permettait pas d'en courir à nouveau le risque, le choix qu'il a fait de continuer à faire imprimer l'ouvrage en France contre vents et marées, tout cela a enseigné à Diderot à ne pas lier obligatoirement rédaction et publication de ses diverses œuvres. D'où leur destinée qui importe à l'histoire des idées aussi bien que leur contenu et la manière parfois étrange dont elles nous sont parvenues. Il existe toutefois pour Diderot, depuis 1756, une solution intermédiaire entre la publication qui assujettit aux contraintes du « commerce de la librairie » qu'il a analysées en 1763 dans son *Mémoire sur la Liberté de la presse,* et la pure et simple mise au tiroir qui ne peut se généraliser sans constituer pour l'écrivain un véritable suicide intellectuel. Cette solution, c'est la *Correspondance littéraire* de Grimm, recueil manuscrit destiné à faire connaître à quelques têtes couronnées de l'Europe des Lumières ce qu'élaborent des têtes françaises et qu'ignore le public français. C'est pour ce périodique que Diderot rédige ses *Salons.* C'est à lui qu'il donne tous les textes — moins *Mystification* — du présent volume. Deux d'entre eux seulement, *Les Deux Amis de Bourbonne* et l'*Entretien d'un Père avec ses Enfants* seront édités du vivant de Diderot et sous son nom. Encore seront-ils associés à une traduction des *Idylles* de Gessner (1773). Quant aux autres, leur sort mérite d'être noté. L'*Entretien avec la Maréchale* paraîtra en 1777 à Amsterdam à la suite des *Pensées philosophiques en français et en italien* dans un recueil attribué — encore une mystification — à un certain Thomas Crudeli. *Ceci n'est pas un conte* et *Madame de la Carlière* attendront, avec le *Supplément au Voyage de Bougainville* avec lequel ils forment une trilogie, l'édition posthume par Naigeon des *Œuvres complètes* de Diderot. *Mystification,* enfin, qui n'aura même pas connu la diffusion limitée de la *Correspondance littéraire,* restera inédit près de deux siècles avant d'être retrouvé dans les papiers de Diderot constituant le fonds Vandeul. « *Lorsqu'on fait un conte,* écrit Diderot, *c'est à quelqu'un qui l'écoute.* » Ce n'est pas si simple, on le voit, et la communication de l'auteur à ses auditeurs-lecteurs dans le cas des *Contes* est loin d'avoir la transparence invoquée dans cette phrase péremptoire.

Ecrire pour la *Correspondance littéraire* offre bien des possibilités mais n'est pas sans contraintes. Diderot est assuré d'un public de choix, peu nombreux, cultivé, bien disposé à l'égard des nouveautés françaises et flatté d'avoir la primeur des hardiesses de l'esprit. Encore faut-il que ces hardiesses n'ébranlent que ce à quoi ne tiennent pas particulièrement les lecteurs princiers. Que Diderot fasse de quelques personnages du clergé catholique des incarnations de la sottise et du fanatisme, ils en souriront volontiers. Mais s'il met en question les fondements d'une société qui n'est pas seulement française en s'interrogeant sur l'héritage, le statut de l'individu dans le couple ou le comportement du sage à l'égard de la loi, qu'il prenne garde ! Il n'est libre de ses conclusions ni comme homme ni comme écrivain.

La place des Contes *dans l'œuvre de Diderot.*

Dans ces années où sont en chantier les œuvres majeures, *Le Rêve de d'Alembert, Le Neveu de Rameau, Jacques le Fataliste,* qu'attend donc Diderot de ce petit laboratoire de morale expérimentale qu'est devenu le conte entre ses mains ?

Dès le début de sa carrière d'écrivain il a porté en lui le projet d'un traité de morale et ce traité n'a jamais été écrit. Pourtant, si l'on veut, qu'a-t-il fait d'autre depuis l'*Essai sur le Mérite et la Vertu* en 1745 ? Que fera-t-il d'autre jusqu'à l'*Essai sur les règnes de Claude et de Néron,* méditation de la vieillesse et testament de sa pensée ? Mais chacune de ses tentatives est marquée par l'échec si elle est dogmatique ou par l'ambiguïté quand il s'agit d'une réussite littéraire. Son projet de théâtre des années 1757-1758 était celui d'une « prédication morale » comme l'affirment les *Entretiens sur le Fils naturel* et le *Discours sur la Poésie dramatique*. Or les deux pièces écrites dans ce sens, *Le Fils naturel* et *Le Père de famille* ont déçu les lecteurs, le public et même leur auteur. Il faudra attendre pour le sentir à l'aise comme auteur dramatique qu'il s'incarne lui-même en 1781 dans un personnage à multiples faces si difficile à juger que la pièce ne pourra s'intituler que *Est-il bon, est-il méchant ?* Pourquoi écrit-il *Le Neveu de Rameau* sinon pour réfléchir sur les conduites dans une société en crise ? Or lequel parmi ses multiples exégètes prétendrait en dégager *la* conclusion de Diderot ? Pourquoi la trilogie du *Rêve de d'Alembert* sinon pour demander à la biologie le fondement de la morale, mais alors de quelle morale ? Cette obsession et cette impossibilité — l'une nourrissant l'autre — de théoriser en matière de morale, c'est peut-être le conflit majeur de la pensée de Diderot, celui que toute l'œuvre cherche à résoudre, l'écrivain le projetant sous des formes diverses pour en délivrer momentanément l'homme, Diderot faisant s'affronter sans cesse d'autres personnages pour que Denis s'accorde le droit d'être heureux. Les contes s'inscrivent dans cette ligne. Il est remarquable qu'à part le premier qui ne met en jeu rien de bien grave et le dernier où le philosophe fait le tour d'une question pour lui résolue, les quatre autres aient été écrits entre 1770 et 1772 au cours d'une crise de la vie personnelle de Diderot. On dirait que, assailli pendant deux ans de divers côtés par des problèmes qui ne sont plus comme au temps de l'*Encyclopédie* ceux de l'écrivain mais ceux de sa vie la plus intime, il cherche à se retrouver pour les résoudre, et pour cela les isole alors qu'ils interfèrent, les cerne en les projetant dans des personnages multiples, s'efforce sans toujours y parvenir d'en dégager les lois. Le conte a la souplesse que demande cette recherche, et comme il est sans prétention, Diderot pourra, en ayant l'air de jouer, lui confier ses préoccupations les plus poignantes : le siècle des Lumières ne trouve plus le moi haïssable mais il aime encore la discrétion.

La crise de 1770-1772 dans la vie de Diderot.

En 1770, Diderot a cinquante-sept ans, Angélique en a dix-sept. Le père de famille — on est tenté de mettre des majuscules tant ce personnage essentiel du théâtre de Diderot exprime l'image qu'il se fait de cette « condition » — le père de famille va marier sa fille. Il fixe son choix dans la bourgeoisie langroise, là où s'enracine la famille. Il se préoccupe d'établir un contrat qui ait l'agrément du futur gendre, Caroillon de Vandeul, mais qui préserve au mieux les intérêts matériels d'Angélique dans toutes les hypothèses, ce qui ne va pas sans tractations (voir p. 225). Il s'efforce d'obtenir pour son gendre une place honorable et lucrative qui permette au jeune couple de vivre à Paris, et pour cela fait jouer ses relations personnelles de Trudaine à Necker, s'efforçant de naviguer habilement dans les courants parfois imprévisibles de la faveur. Mais derrière ce bourgeois d'un conformisme sans faille s'inquiète un autre Diderot, le tendre père, celui qui dans le désert affectif de son ménage a voué à sa fille une exceptionnelle affection et que la séparation brisera comme le révèle la correspondance (voir p. 238). Cette jeune personnalité dont il a surveillé, guidé l'éclosion en philosophe, comment s'assurer qu'elle trouvera le bonheur dans la condition de femme mariée que lui fera la société telle qu'elle est (voir p. 235) ? Et ce voyage à Langres qu'imposent les préparatifs du mariage ? Il ramène

Diderot à la maison paternelle. Il est lui-même le père maintenant. Comme il était facile d'être le fils, celui qui n'en faisait qu'à sa tête, qui épousait en cachette la jeune fille qu'on lui refusait en croyant que c'était là le bonheur, celui qui considérait que les contraintes de la société ne valent pas pour le sage, mais trouvait une sécurité dans le fait que son père en jugeait autrement. Langres, c'est aussi « sœurette » avec qui les relations familiales sont faciles et affectueuses, mais c'est également l'abbé Didier-Pierre que Diderot sent lointain et hostile depuis la mort du père (voir p. 210). Le mariage d'Angélique va être l'occasion où la brouille se précisera. Et puis non loin de Langres où se trouve Diderot, à Bourbonne-les-Bains, une dame accompagne sa fille en cure, Mme de Maux avec qui Diderot entretient depuis l'année précédente une liaison qui permet à ce père qui marie sa fille de ne pas se sentir vieux. Mais que signifient ces présences masculines qui tournent autour de Mme de Maux ? Quel personnage lui fait-on jouer à lui-même ? Ne devrait-il pas comprendre ce qu'on ne lui dit pas et laisser le champ libre (voir p. 216) ? A tout cela s'ajoute le malaise que réactivent les démarches destinées à établir son gendre. Il n'est pas facile d'être philosophe, de se sentir comme tel la mission de conseiller les rois, en tout cas le droit et le devoir de juger la société dans laquelle on vit, et en même temps de pactiser avec ce qu'elle a de moins défendable en jouant le personnage du solliciteur, en dansant soi-même le pas de la « pantomime des gueux » que l'on fait mimer à J.-F. Rameau. Il faudra bien aussi finir par répondre à l'invitation de Catherine II. C'est elle, après tout, qui par un cadeau impérial déguisé en achat de bibliothèque a permis de doter Angélique. On verra quand celle-ci sera mariée : un autre aura la charge de son bonheur, la route des « glaces du Nord » sera ouverte. Il s'agira alors de jouer de sang-froid une comédie d'un autre ordre. Il sera bientôt temps d'y penser.

Ensuite il conviendra de revenir en famille méditer sur Sénèque, conseiller de Néron, qui avait eu lui aussi à résoudre d'étranges problèmes de morale. Voilà un beau nœud de soucis pour occuper deux ans de la vie d'un homme. Il faut trouver dans toutes ces circonstances le comportement qui résistera au « soliloque » : « *Qu'avez-vous ?... de l'humeur ?... Oui... Est-ce que vous vous portez mal ?... Non... Je me presse : j'arrache de moi la vérité. Alors il me semble que j'ai une âme gaie, tranquille, honnête et sereine, qui en interroge une autre qui est honteuse de quelque sottise qu'elle craint d'avouer.* »

Les questions de morale dans les Contes.

Le traité de morale jamais écrit serait le bienvenu pour servir de guide. Mais justement, qu'aurait-il à proposer ? Suivre la loi de son pays selon le mot de Socrate, figure à laquelle si longtemps s'était identifié Diderot ? L'établissement du contrat d'Angélique est une occasion de voir de près le fonctionnement des lois. L'*Entretien d'un Père avec ses Enfants* qu'il écrit alors transpose dans le temps cette réflexion, en déplace le point d'application, transfère sur la personne du père le centre brûlant du débat et entoure celui-ci de personnages parmi lesquels Diderot lui-même. Le nombre d'anecdotes insérées ne cessera de croître jusqu'au dernier état du texte. Elles élargissent la portée de la discussion qui dépasse de bien loin l'exécution du testament du curé de Thivet. S'interroger sur les règles de dévolution des biens, c'est en effet juger la société qui les a établies et se défend en les défendant ; c'est constater que laissée à son fonctionnement normal elle enrichit encore les riches Frémin et dépouille des indigents ; qu'elle utilise à cela l'avis d'un saint homme de casuiste qui conseille de ne pas se substituer à la Providence et d'être charitable, certes, mais sans toucher à la propriété ; c'est constater que la force de cette société vient de ce que non seulement un notable, un « homme de bien » comme le père Diderot, mais même un pauvre chapelier ruiné par la maladie de sa femme — et pourquoi pas l'auteur lui-même ? — ont si bien intériorisé les obligations qu'elle impose que s'ils y manquent ils en traîneront le remords fût-ce « au rivage de la Chine ». Mais alors que faire ? Diderot a beau s'incarner ici dans un « Moi » aux mains libres, invoquer la loi naturelle qu'il oppose au législateur et définir le fondement de la propriété dans les termes mêmes de son « frère-ennemi » Rousseau, l'indignation de son bon cœur reste vaine. En effet, il infléchit lui-même le débat lorsqu'il suggère par l'insertion des anecdotes du Dr Bissei un amalgame entre le droit sacré à la vie et le droit de propriété, confusion significative des limites de sa critique. Le dernier mot de l'*Entretien* reste au père et ramènerait l'argumentation de « Moi » à une révolte d'adolescent prolongé si l'on ne prenait garde à ce qui pourrait passer pour une boutade. Conclure « *Mon père, c'est qu'à la rigueur il n'y a point de lois pour le sage...* », c'est revendiquer le droit d'être un justicier qui n'a de comptes à rendre qu'à lui-même, un autre « savetier de Messine ». Mais mis en demeure par l'abbé de juger celui-ci, le philosophe avait répondu : « *Je condamnerai le vice-roi à prendre la place du savetier et le savetier à prendre la place du vice-roi.* » Voilà la solution ! Ce sage au-dessus des lois, il suffit d'en faire le législateur pour que, sans toucher aux fondements de la société on en corrige les abus. C'est le despotisme éclairé. Il est révélateur que cette anecdote et ce mot de « Moi » dans la conclusion appartiennent aux derniers ajouts du texte. L'*Entretien,* malgré sa publication en 1773, restait sur le métier. Il ne concluait pas, il ne contentait pas son auteur. Cette solution le satisfait-elle ? surtout à son retour de Russie ? C'est peu probable, car Diderot a vu là-bas ce que valent pour les peuples les « lumières » d'un despote. Si après son retour il avoue qu'il n'y croit plus mais le fait sans éclats, c'est qu'il n'a rien d'autre à proposer. Ce conte a recours pour conclure à cette solution, mais dans une pirouette : un texte de quelques pages dans cette période tourmentée et féconde de la vie de Diderot peut suffire à révéler l'impasse de sa pensée politique et sociale.

La morale des « gueux ».

Si Diderot reste solidaire des siens alors que Rousseau, spectaculairement, a choisi d'être peuple, il n'a pas la naïveté de croire que les cas de conscience liés à sa « condition » sont ceux de l'humanité entière : ce sont ceux des bourgeois. En un temps où les classes inférieures, ce qu'on appelle « le petit peuple », « le bas peuple », représentent 85 % de la population française, Diderot est un des rares écrivains à avoir exprimé à leur égard autre chose que les divers déguisements idéologiques de la peur. Il n'appartient pas à ces couches sociales, il a des difficultés à se placer par l'imagination à leur point de vue, mais il est significatif qu'il ait envie de le faire dans un conte de la même période, *Les Deux Amis de Bourbonne.* Au départ, ce conte était une plaisanterie, mais le choix de la plaisanterie n'est pas indifférent. Naigeon avait aimé *Les Deux Amis* de Saint-Lambert. Ces deux Iroquois étaient liés d'une amitié exceptionnelle. Il fallait bien en effet les faire vivre aussi loin que possible de Paris pour que ce sentiment pût exister avec cette force. Tout cela n'allait pas sans poncifs. Mais si le sursaut de Diderot est d'ordre littéraire, ce n'est pas à un niveau superficiel. Mettre en scène une amitié totale qui tranche avec la faiblesse des sentiments courants, beau sujet. Constater qu'elle n'a pas sa place dans la société où vivent les écrivains et leurs lecteurs, c'est l'évidence. Mais pourquoi avoir recours à l'éloignement dans l'espace, quand il existe tout près de soi des terres non moins inconnues où les données de la vie sont si différentes que ce qui est impossible ailleurs est peut-être envisageable en ces lieux ? « *Félix était un gueux qui n'avait rien ; Olivier était un autre gueux qui n'avait rien : dites-en autant du charbonnier, de la charbonnière et des autres personnages de ce conte et concluez qu'en général il ne peut guère y avoir d'amitiés entières et solides qu'entre des hommes qui n'ont rien.* » Cette conclusion « morale » de Diderot définit le rôle de ce conte parmi les autres : en face d'une recherche sur le sort que fait la société aristocratique et bourgeoise aux sentiments naturels, la contre-épreuve. Certes, Diderot n'est pas le seul en son siècle à avoir vu dans le petit peuple le dépositaire de valeurs qui se sont perverties chez les plus riches. Marivaux l'a dit avant lui sous bien des formes et les grands du royaume joueront à revenir à la vie simple dans la décennie qui suivra. Mais ce n'est pas un mythe moral souriant et coupé du réel que met en scène le conte des *Deux Amis*. Olivier et Félix sont ceux sur qui tombe à coup sûr « le billet fatal de la milice », à qui la guerre apporte des blessures et non la gloire et pour qui la contrebande si dangereuse est un métier. Ils n'ont guère de problèmes d'héritage : Félix vend ses « quelques fauchées de pré » pour les donner de son vivant à deux jeunes qu'il faut établir. Ils ne connaissent pas les procès qui occupent si souvent les personnages des autres contes. L'image de la justice, pour eux, ce n'est pas la « robe de palais » de Desroches, ce sont les tribunaux qui jugent la contrebande, le sinistre Colleau, la peine de mort systématique et, s'ils en réchappent à la faveur d'une émeute de « la populace indignée de ces exécutions », la vie de hors-la-loi. Lorsque l'un d'eux se marie, la dot de la femme ne fera pas problème ; le risque pour la durée du couple, ce n'est pas l'infidélité de l'un des conjoints, c'est la mort qui, si elle atteint le mari, privera toute la famille de subsistance. Ce n'est pas que l'on ignore l'amour ou qu'il n'ait ses conflits, mais faute de mots on les résout en silence, non sans grandeur. Quelle différence entre la sortie théâtrale de Mme de la Carlière et le départ de Félix quittant les deux veuves : « *Elles ne lui dirent rien ; car elles comprenaient de reste combien son départ était nécessaire. Ils soupèrent tous les trois sans parler : la nuit il se leva ; les femmes ne dormaient point ; il s'avança vers la porte sur la pointe des pieds. Là il s'arrêta, regarda vers le lit des deux femmes, essuya ses yeux de ses mains et sortit. Les deux femmes se serrèrent dans les bras l'une de l'autre et passèrent le reste de la nuit à pleurer.* » L'accueil fait au conte des *Deux Amis* à la publication fut réservé : « Il a été trouvé presque généralement détestable. » Quel mauvais goût d'avoir mêlé aux *Idylles* de Gessner les aventures de ces sauvages ! Le style d'ailleurs n'avait pas l'aisance et le brillant habituels : c'était donc un conte manqué, et tout était dit. Evidemment il gênait et beaucoup durent réagir comme la dame de ***, qui, à la fin du conte, visiblement émue par ces pauvres d'un type nouveau pour elle et choquée par l'inhumanité du curé Papin, envoie cependant à celui-ci « une somme modique » à distribuer selon « une charité mieux entendue » et rien du tout à la veuve Olivier qui « travaille malgré son grand âge et subsiste comme elle peut ». Mais comme les contes s'éclairent l'un l'autre et comme celui-ci les éclaire tous !

L'amour, le mariage, la condition féminine.

Plus encore que celui des lois un thème que l'on retrouve dans les six textes révèle la préoccupation majeure de Diderot pendant les années 1770-1772, celle des fiançailles et du mariage d'Angélique : c'est le thème de l'amour toujours lié à ceux du mariage et de la condition féminine qui concernent à la fois l'amour et la société. Avant cette date, tout est simple et gai : dans *Mystification* Mlle Dornet accepte sans protestation ni chagrin d'être abandonnée par son amant. Il est vrai qu'elle fait métier de ses faveurs. L'important pour elle est donc de remplacer le prince au plus vite et pour cela de retrouver la santé. Mais la désinvolture de Diderot s'étend de sa personne à qui il fait dire bien des sottises à tout son sexe : « *Il y a un si grand fond à faire sur l'imagination d'une femme alarmée et en général les femmes sont si crédules et si pusillanimes en santé, si superstitieuses dans la maladie !* » La veine gaillarde affleure dans tout le conte et Diderot-Rabelais donne même une consultation qui rappelle Panurge. A l'autre extrémité, le dernier conte nous montre une Maréchale « *belle et dévote comme un ange* », parfaitement à l'aise dans sa condition de femme mariée : « *Il faut que vous sachiez que je n'ai jamais lu que mes heures et que je ne me suis guère occupée qu'à pratiquer l'Evangile et à faire des enfants.* » Le problème du mariage n'est pas résolu pour Diderot lorsqu'il écrit cet *Entretien*, mais il n'est plus au premier plan de sa recherche : « *Le mariage qui fait le malheur de tant d'autres a fait votre bonheur et celui de M. le Maréchal ; vous avez très bien fait de vous marier tous deux.* » En revanche, dans les quatre contes de 1770-1772, les problèmes du couple tiennent une place importante. Ils sont au centre de *Ceci n'est pas un conte* et de *Mme de la Carlière,* deux contes écrits, semble-t-il, très vite et que la *Correspondance* mentionne comme faits quinze jours après le mariage d'Angélique. Ils apparaissent déjà dans *Les Deux Amis de Bourbonne* et l'*Entretien d'un Père avec ses Enfants*.

Sur ce sujet comme sur les autres, *Les Deux Amis de Bourbonne* montrent une réalité très différente de celle des autres contes, et qui correspond dans ses grandes lignes à ce que les historiens nous apprennent du mariage dans les classes populaires au XVIIIe siècle. C'est une nécessité pour la sécurité matérielle du couple et des enfants, car chacun contribue par son travail à la subsistance de la famille. Un célibataire comme Félix devient presque à coup sûr un marginal, une veuve pourvue d'enfants est réduite à « solliciter la commisération » ou à se remarier au plus tôt. S'il n'y a pas de remariage dans le conte, c'est à la fois parce que l'amitié de Félix pour Olivier interférant avec son amour ancien pour la veuve crée un interdit et parce que, se sentant responsable de deux veuvages, il veut faire face également à sa double obligation d'assistance matérielle. Mais tout est commandé par la question des subsistances et c'est de la responsabilité avec laquelle les personnages l'affrontent que le conte tient sa grandeur. Les couples dont il est question dans l'*Entretien d'un Père avec ses Enfants* posent brièvement les problèmes du mariage bourgeois, et en particulier celui de la femme. Ce sont des couples sans enfants. La femme du chapelier est morte : à qui ira sa modeste dot ? La loi a ses raisons de la refuser au mari : « *Je vois comme vous, mon père, le peu de sûreté des femmes, méprisées, haïes à tort et à travers de leurs maris, si la mort saisissait ceux-ci de leurs biens.* » Le couple d'Isigny se défait dans l'infidélité mutuelle, la ruine et la séparation. Les droits des deux conjoints sont-ils égaux ? Le gros prieur « *qui se connaissait mieux en bon vin qu'en morale* » et qui avait porté sur tous les autres cas les jugements les plus laxistes, retrouve apparemment contre la femme toute sa rigueur. « *J'allais prouver au prieur que le premier des deux époux qui manquait au pacte rendait à l'autre sa liberté, mais mon père demanda son bonnet de nuit, rompit la conversation et nous envoya coucher.* » Couvre-feu significatif ! La société bourgeoise et aristocratique connaît deux réalités différentes, l'une d'ordre social bien codifiée car elle touche au premier chef la propriété, c'est le mariage. L'autre, car il faut bien vivre et être heureux, c'est l'amour, où chacun s'arrange au mieux de son plaisir en prenant des risques qui ne sont pas également répartis. Diderot veut pour sa fille la sécurité et le bonheur, donc l'amour et le mariage, l'amour dans le mariage, mais il tremble pour elle de toute son expérience des autres couples. Le père adresse à sa fille devenue depuis quatre jours Mme de Vandeul une lettre qui ferait sourire par le conformisme de ses recommandations de soumission conjugale si justement l'excès dans ce sens n'était pathétique : il n'y a pas d'autre conseil efficace dans la réalité de cette société-là pour qu'une nouvelle mariée trouve à défaut de bonheur au moins la paix. Pendant ce temps, le philosophe s'interroge dans *Ceci n'est pas un conte et Mme de la Carlière* sur le code religieux et le code social qui rendent conflictuelle l'union d'un homme et d'une femme. Dans un troisième texte, le *Supplément au Voyage de Bougainville*, il imagine, utilisant à son tour le cadre de l'île heureuse, ce que serait l'union des sexes dans un état où la loi se fonderait sur le code naturel.

La recherche n'est pas aisée sur ce sujet si neuf qu'il faut bien appeler, malgré l'anachronisme du terme, la morale de la sexualité. Le premier de ces trois textes dans l'ordre logique, *Ceci n'est pas un conte*, manifeste par la complexité du jeu du dialogue et malgré la simplicité trompeuse de la composition en diptyque, qu'il va bien plus loin que son dessein avoué : montrer que s'il y a des femmes très méchantes et des hommes très bons, il y a aussi des femmes très bonnes et des hommes très méchants. Les bons ne sont pas sans reproche pour qui est attentif aux détails. Tanié était parti pour Saint-Domingue, « *il n'ambitionnait pas une grande fortune, il ne la désirait qu'honnête et rapide* » et il revint au bout de dix ans « *présenter à son amie un petit portefeuille qui renfermait le produit de ses vertus et de ses travaux* ». Mlle de la Chaux au désespoir sait cependant, bien conseillée, faire gentiment chanter Mme de Pompadour. Leurs sentiments les plus passionnés s'expriment sous une forme si théâtrale qu'elle en devient suspecte, et il n'est pas si sûr que leurs partenaires soient des monstres. On peut penser que Mme Reymer est seulement, comme plus tard les grandes courtisanes de Balzac, une femme qui a compris quel est dans cette société le jeu de l'arrivisme féminin et le joue, et que Gardeil n'est qu'un homme ingrat certes à l'égard d'un dévouement absolu, mais qui n'aime plus et qui, pas plus que Mme Reymer, n'a le devoir de payer en amour des services d'un autre ordre. D'ailleurs, que fait sa victime à l'égard du Dr Le Camus ? Aimer ne confère à personne le droit d'aliéner à vie la liberté de l'autre : telle est la remarque qui se dégage de la destinée de ces deux couples illégitimes. Mais peut-on ériger en règle générale une maxime aux conséquences si différentes pour l'homme et pour la femme dans le monde comme il va ? C'est le sens de la phrase finale : « *Sur ce je prie Dieu de tenir en sa sainte garde toute femme à qui il vous prendra fantaisie d'adresser votre hommage.* » Comment concilier le droit à la liberté et l'aspiration à la stabilité également indispensables au bonheur dans le couple ? Le code religieux en usage sacrifie sans nuances le premier à la seconde. Mme de la Carlière veut fonder la seconde sur le premier lorsque Desroches et elle envisagent le mariage, lié dans leur esprit comme dans celui de l'auteur aux enfants. Elle croit être très libérée des conventions en inventant à cette date... le mariage civil qui substitue à Dieu la société comme garant de l'union. Pourtant si après une cérémonie de son cru elle se fait appeler Mme Desroches, elle n'acceptera de familiarités de son mari qu'après « la petite formalité d'usage ». Son nouveau mariage veut être l'antithèse du premier où elle n'avait été qu'une victime résignée, mais dans le moment même où elle proclame la liberté qu'a son futur conjoint de contracter ou non l'union envisagée, elle emploie d'étranges formules : « *C'est par tous les sacrifices imaginables que je prétends vous acquérir et vous acquérir sans réserve. Voilà mes droits, voilà mes titres et je n'en rabattrai jamais rien.* » Il semble qu'elle soit incapable de penser le mariage en d'autres termes que ceux qu'employa sans doute son premier mari. Le code religieux, constate Diderot, imprègne le code social et celui-ci imprègne si fort la morale individuelle qu'il n'y a plus en ce domaine de pensée libre et de conduite naturelle mais seulement des « crimes imaginaires » qui ajoutent à la difficulté de vivre. Desroches en est un exemple. Il a eu naguère assez de force de caractère pour juger et quitter successivement le clergé, la magistrature, l'armée, en s'aliénant le « jugement public » qui n'aime pas que l'on mette en cause par son attitude les piliers de la société. Mais traduit par une « inflexible et hautaine bégueule » devant un tribunal mondain pour crime d'infidélité conjugale, il se laisse confondre et admet une culpabilité hors de proportion avec sa faute réelle. L'auteur lui-même n'est-il pas un autre exemple de cette intériorisation des interdits de la société ? On est frappé par le contraste entre la hardiesse du dessein — regarder en face la sexualité pour fixer ses rapports avec la morale — et la prudence gênée du vocabulaire tout de périphrases, où le mot « coucher » dans la bouche de Mlle de la Chaux éclate comme une provocation, et en est une. Les choses étant ce qu'elles sont, que propose le philosophe ? Rien pour l'instant, et le caractère expérimental des *Contes* apparaît bien à la fin de *Mme de la Carlière* : « *Et puis j'ai mes idées, peut-être justes, à coup sûr bizarres, sur certaines actions que je regarde moins comme des vices de l'homme que comme des conséquences de nos législations absurdes, sources de mœurs aussi absurdes qu'elles et d'une dépravation que j'appellerais volontiers artificielle. Cela n'est pas trop clair, mais cela s'éclaircira peut-être une autre fois.* » Cette autre fois, c'est le *Supplément au Voyage de Bougainville* où Diderot s'efforce de montrer qu'« *en fondant la morale sur les rapports éternels qui subsistent entre les hommes, la loi religieuse devient peut-être superflue ; et que la loi civile ne doit être que l'énonciation de la loi de nature* ». Mais il est loin de juger immédiatement applicables ses propositions puisqu'à la question : « *Que ferons-nous donc ? reviendrons-nous à la nature ? nous soumettrons-nous aux lois ?* » il répond : « *Nous parlerons contre les lois insensées jusqu'à ce qu'on les réforme, et en attendant nous nous y soumettrons.* »

Morale et religion.

C'est encore du fondement de la morale qu'il s'agit, deux ans plus tard, au retour de Russie, lorsque Diderot séjournant en Hollande se rappelle un dialogue qu'il a eu avec la maréchale de Broglie trois ans auparavant. Peu importe que la rédaction qu'il en propose soit ou non fidèle dans le détail à l'entretien qui a eu lieu. L'intéressant est que ce texte bref, le dernier qu'il ait écrit dans ce genre, renoue en quelque sorte avec la préoccupation première de Diderot : situer la morale par rapport à la religion. C'était le thème central de la dédicace de sa première œuvre, l'*Essai sur le Mérite et la Vertu* (voir p. 203). Elle s'adressait à son frère qui devait être ordonné prêtre l'année suivante. Sous les affirmations de respect pour la religion et les éloges décernés au dédicataire se lisent clairement les divergences des deux frères et les éléments des deux évolutions ultérieures s'influençant l'une l'autre, celle du philosophe vers un athéisme qui l'obligera à laïciser le fondement de la morale, celle de l'abbé vers une dévotion que son frère jugera étroite et inhumaine. « *Point de vertu sans religion ; point de bonheur sans vertu. Ce sont deux vérités que vous trouverez approfondies dans ces réflexions que notre* utilité commune *m'a fait écrire.* » C'est Diderot qui souligne l'« *utilité commune* ». Mais cette formule, comme la syntaxe de la phrase, ne mettent pas tant l'accent sur le terrain d'entente, la vertu, qui fait l'objet de l'ouvrage, que sur l'angle d'approche de chacun et la délimitation de leurs domaines respectifs : vertu-religion pour l'un, vertu-bonheur pour l'autre. C'est déjà le partage de l'héritage de la pensée du père telle qu'elle apparaîtra dans l'*Entretien* avec ses enfants. Dans la suite de l'œuvre, cette question reste centrale, et Diderot ne philosophant jamais « *perché sur l'épicycle de Mercure* », le dialogue implicite avec le frère est fréquemment perceptible. Rien d'étonnant alors que dans les contes écrits pendant la période 1770-1772 où s'accuse entre eux la brouille, intervienne souvent un « bigot à tête rétrécie », le père Bouin, le curé Papin, les prêtres anonymes qui, en liaison avec sa famille, persécutent Mlle de la Chaux coupable d'avoir tracé sa vie hors des ornières. En 1774 les tensions s'éloignent dans le temps, et aussi dans l'espace puisque Diderot séjourne en Hollande où, surtout quand on est étranger, on est plus librement athée. Le respect que, tout en exposant son matérialisme, il témoigne à la foi de la Maréchale n'est pas simple courtoisie. Mais son choix personnel est fait. Le dialogue n'a plus pour fonction de chercher péniblement dans la complexité du réel la voie d'accès à une vérité pratique. Il peut emprunter à Pascal la méthode des *Provinciales* — faire dire naïvement à un partisan sincère les pires critiques de ses propres convictions — pour élaborer un anti-pari pascalien en bonne forme. La dévote belle comme un ange s'exprime en langage de financier : « *On peut faire l'usure avec Dieu tant qu'on veut, on ne le ruine pas. Je sais bien que cela n'est pas délicat, mais qu'importe. Comme le point est d'attraper le ciel ou d'adresse ou de force, il faut tout porter en ligne de compte, ne négliger aucun profit. Hélas ! nous aurons beau faire, notre mise sera toujours bien mesquine en comparaison de la rentrée que nous attendons.* » Après l'avoir conduite à donner une définition aussi peu métaphysique que possible du bien et du mal — « *le mal ce sera ce qui a plus d'inconvénients que d'avantages ; et le bien au contraire ce qui a plus d'avantages que d'inconvénients* » — c'est un jeu pour Diderot de la mettre en contradiction avec l'Ecriture sur un terrain où le piège se refermera sur elle à coup sûr : la morale sexuelle en usage, encore. Sur les rapports de la morale avec la religion Diderot se sent en mesure de conclure. Il le fait en condamnant « *un système d'opinions bizarres* (...) *qui envoie le coupable demander pardon à Dieu de l'injure faite à l'homme et qui avilit l'ordre des devoirs naturels et moraux en le surbordonnant à un ordre de devoirs chimériques* ». Le code religieux ainsi écarté, le code social devra faire « *que le bien des particuliers soit si étroitement lié avec le bien général qu'un citoyen ne puisse presque pas nuire à la société sans se nuire à lui-même* ». Il n'y aura alors plus d'autres méchants qu'« *un petit nombre d'hommes qu'une nature perverse, que rien ne peut corriger, entraîne au vice* ». Quant aux conséquences immédiates sur la conduite personnelle, elles rejoignent le compromis du *Supplément* et renchérissent avec une pointe de cynisme sur la franchise et la prudence de Montaigne décidé à défendre ses opinions jusqu'au bûcher, « exclusivement » si possible.

Ainsi donc six textes, un total de quelques dizaines de pages dont la composition n'intéresse que quelques années, capitales il est vrai, de la vie de Diderot, nous offrent une large vue de son œuvre morale. De sa méthode d'abord qui explore des domaines nouveaux, en liaison étroite avec la vie, prenant en compte toute la complexité du réel dont il fait dialoguer les divers aspects en les vivant à travers des personnages. De sa pensée ensuite, avec ses thèmes auxquels la prétendue girouette langroise revient toujours. De ses limites enfin, autre face de son réalisme : s'il prétend influencer le cours de la vie en agissant sur les esprits et choisit pour cela de préférence à tout autre cadre de sa réflexion la réalité immédiate, il refuse les mises en cause révolutionnaires de la société qu'il critique. Cela le conduit à des impasses ou à des compromis bien décevants en regard de ses exigences morales. Le conte, sur quelques points particulièrement difficiles pour lui ou novateurs, lui a permis d'assumer ces limites avec le sourire, à défaut de pouvoir apporter des réponses que ses principes et son temps ne permettaient pas.

BIBLIOGRAPHIE

Éditions des contes et entretiens de Diderot

(Le conte de *Mme de la Carlière* est parfois intitulé *Sur l'Inconséquence du jugement public de nos actions particulières.*)

Œuvres complètes, éd. Jules Assézat et Maurice Tourneux, Garnier frères, 1875, 18 vol., tomes II et V.

Œuvres philosophiques, éd. Paul Vernière, Classiques Garnier, 1998 [1956].

Œuvres romanesques, éd. Henri Bénac, revue par Lucette Perol, Classiques Garnier, 1981 [1959].

Œuvres complètes de Denis Diderot, éd. Roger Lewinter, Club français du livre, 1969-1973, tomes VII, VIII, IX, X et XI.

Œuvres complètes, éd. Herbert Dieckmann, Jacques Proust et Jean Varloot, Hermann, 1975-, 25 vol., tome XII, « Fiction IV. *Le Neveu de Rameau* ».

Œuvres, éd. Laurent Versini, Robert Laffont, coll. « Bouquins », 1994, 5 vol., tome I, « Philosophie » et tome II, « Contes ».

Contes et romans, éd. Michel Delon, Gallimard, coll. « Bibliothèque de la Pléiade », 2004.

Œuvres philosophiques, éd. Michel Delon, Gallimard, coll. « Bibliothèque de la Pléiade », 2010.

Contes, éd. Herbert Dieckmann, Londres, University of London Press Ltd, 1963.

Quatre contes, éd. Jacques Proust, Genève, Droz, coll. « Textes littéraires français », 1964.

Le Neveu de Rameau et autres dialogues philosophiques, éd. Jean Varloot, Gallimard, coll. « Folio », 1972.

Les Deux Amis de Bourbonne et autres contes, éd. Michel Delon, Gallimard, coll. « Folio », 2002.

Mystification, in *Nouvelles du XVIIIe siècle*, éd. Henri Coulet, Gallimard, coll. « Bibliothèque de la Pléiade », 2002.

Entretien d'un philosophe avec Madame la Maréchale de ***, éd. Jean-Claude Bourdin et Colas Duflo, GF-Flammarion, 2009.

Entretien d'un philosophe avec Madame la Maréchale de ***, éd. Roland Desné, Gianluigi Goggi et Didier Khan, Hermann, 2009.

Outils et ouvrages généraux sur l'œuvre de Diderot et son contexte

ADAMS, David James, *Diderot, Dialogue and Debate*, Liverpool, Francis Cairns, 1986.

BELAVAL, Yvon, *Études sur Diderot*, PUF, 2003.

BONNET, Jean-Claude, *Diderot : promenades dans l'œuvre*, Le Livre de Poche, coll. « Les Classiques de Poche », 2012.

CABANE, Franck, *L'Écriture en marge dans l'œuvre de Diderot*, Honoré Champion, 2009.

CASSIRER, Ernst, *La Philosophie des Lumières*, Fayard, 1966.

CATRYSSE, Jean, *Diderot et la mystification*, Nizet, 1970.

CHARTIER, Philippe, *Vies de Diderot 3. La Mystification déjouée*, Hermann, 2011.

CHOUILLET, Jacques, *Diderot, poète de l'énergie*, PUF, 1984.

DIECKMANN, Herbert, *Inventaire du fonds Vandeul et inédits de Diderot*, Paris-Genève, Droz-Librairie Minard, 1959.

–, *Cinq leçons sur Diderot*, Paris-Genève, Droz-Librairie Minard, 1959.

–, *Diderot und die Aufklärung*, Munich, Kraus International Publications, 1980.

DUFLO, Colas, *Diderot, philosophe*, Honoré Champion, coll. « Travaux de philosophie », 2003.

GOULEMOT, Jean-Marie, *La Littérature des Lumières*, Nathan Université, coll. « Lettres supérieures », 2002.

IBRAHIM, Annie, *Le Vocabulaire de Diderot*, Ellipses, 2002.

MAC DONALD, Christie V., *The Dialogue of Writing. Essays in Eighteenth Century French Literature*, Waterloo, Wilfrid Laurier University Press, coll. « Bibliothèque de la "Revue canadienne de littérature comparée" », 1984.

MORIN, Robert, *Diderot et l'imagination*, Les Belles Lettres, 1987.

MORTIER, Roland et TROUSSON, Raymond, *Dictionnaire de Diderot*, Honoré Champion, coll. « Dictionnaires & références », 1999.

PROUST, Jacques, *Diderot et « L'Encyclopédie »*, 3e éd., Albin Michel, coll. « Bibliothèque de l'évolution de l'humanité », 1995 [1962].

–, *L'Objet et le texte : pour une poétique de la prose française du XVIIIe siècle*, Genève, Droz, coll. « Histoire des idées et critique littéraire », 1980.

PUJOL, Stéphane, *Le Dialogue d'idées au XVIIIe siècle*, Oxford, Voltaire Foundation, 2005.

SALAÜN, Franck, *Le Genou de Jacques : singularités et théorie du « moi » dans l'œuvre de Diderot*, Hermann, coll. « Fictions pensantes », 2010.

SHERMAN, Claude, *Diderot and the Art of Dialogue*, Genève, Droz, 1976.

STENGER, Gerhardt, *Nature et liberté chez Diderot : après « L'Encyclopédie »*, Universitas, 1994.

WALL, Anthony, *Ce corps qui parle : pour une lecture dialogique de Denis Diderot*, Montréal, XYZ éditeur, 2005.

Articles sur les contes et entretiens

ANDRÉ, Valérie, « Diderot : contes politiques et politique du conte », *Féeries*, 3, université Grenoble III-Stendhal, 2006.

BONGIE, Laurence, « Retour à Mlle de la Chaux ou Faut-il encore marcher sur des œufs ? », *Recherches sur Diderot et sur l'Encyclopédie*, 6, 1989, p. 62-104.

BOODY, Johannes Theodorus de, « Diderot et l'édition originale de l'*Entretien avec la Maréchale* », *Revue d'histoire littéraire de la France*, 2, 1960, p. 215-219.

BUFFAT, Marc, « Conversation par écrit », *Recherches sur Diderot et sur l'Encyclopédie*, 9, 1990, p. 55-69.

–, « Dialogue et pensée chez Diderot », in *Sciences, musiques, Lumières. Mélanges offerts à Anne-Marie Chouillet*, dir. Ulla Kölving et Irène Passeron, Ferney-Voltaire, Centre international d'étude du XVIIIe siècle, 2002.

CHARTIER, Pierre, « Parole et mystification. Essai d'interprétation des *Deux Amis de Bourbonne* », in *Recherches nouvelles sur le XVIIIe siècle*, dir. Jacques Proust, Genève, Droz, 1972, p. 203-271.

–, « Asmodée ou l'Effraction », *Dix-Huitième Siècle*, 12, 1980, p. 209-218.

–, « Le conte historique. Diderot théoricien de la mystification dans *Les Deux Amis de Bourbonne* », in *Credibili finzioni della storia*, dir. Daniela Gallingani, Florence, Centro editoriale toscano, 1996, p. 1-13.

–, « La loi du père : étude de l'*Entretien d'un Père avec ses Enfants* (1re partie) », *Recherches sur Diderot et sur l'Encyclopédie*, 23, 1997, p. 9-62.

–, « La loi du père : étude de l'*Entretien d'un Père avec ses Enfants* (2nde partie) », *Recherches sur Diderot et sur l'Encyclopédie*, 24, 1998, p. 39-100.

–, « Diderot ou le rire mystificateur », *Dix-Huitième Siècle*, 32, 2000, p. 145-164.

DIECKMANN, Herbert, « The presentation of reality in Diderot's tales », *Diderot Studies*, III, Genève, Droz, 1961, p. 101-128.

DUFLO, Colas, « Et pourquoi des dialogues en des temps de systèmes ? », *Diderot Studies*, XXVIII, 2000, p. 109.

EHRARD, Jean, « Diderot conteur (I) : la subversion du conte moral », in *L'Invention littéraire au XVIIIe siècle : fictions, idées, société*, PUF, 1997, p. 147-161.

GARNIER, André, « À propos de l'*Entretien d'un Père avec ses Enfants* », in Denis Diderot, *Voyage à Bourbonne, à Langres et autres récits*, éd. Anne-Marie Chouillet, Aux amateurs de livres, 1989, p. 130-149.

HAKIM, Zeina, « Illusion et mystification : le dialogue selon Diderot », *Studies on Voltaire and the Eighteenth Century*, 7, 2005, p. 135-152.

LANGDON, David, « The message of Diderot's *Entretien d'un Père avec ses Enfants* », *Diderot Studies*, XXIII, 1988, p. 115-127.

LECERCLE, Jean-Louis, « Diderot et le réalisme bourgeois dans la littérature du XVIIIe siècle », *Pensée*, 38, 1951, p. 55-72.

MACARY, Jean, « Le dialogue de Diderot et l'antirhétorique », *Studies on Voltaire and the Eighteenth Century*, 153, 1972, p. 1337-1346.

MARTIN, Angus, « Diderot's *Deux Amis de Bourbonne* as a critic of Saint Lambert's *Deux Amis, conte iroquois* », *Romance Notes*, 20, 1979, p. 235-241.

MAY, Gita, « Romans et contes de Diderot », *Encyclopedia of the Novel*, éd. Paul E. Schellinger, Chicago, Fitzroy Dearborn Publishers, 1998.

MORTIER, Roland, « Diderot et le problème de l'expressivité : de la pensée au dialogue heuristique », *Cahiers de l'Association internationale des études françaises*, 13, 1961, p. 283-297.

NIKLAUS, Robert, « Diderot et le conte philosophique », *Cahier de l'Association internationale des études françaises*, 13, 1961, p. 299-315.

PEROL, Lucette, « Quand un récit s'intitule *Ceci n'est pas un conte* (Diderot) », in *Frontières du conte*, dir. François Marotin, CNRS Éditions, 1982, p. 95-101.

REBEJKOW, Jean-Christophe, « Quelques réflexions sur la révision des *Deux Amis de Bourbonne* », *Lettres romanes*, 50, 1996, p. 193-209.

–, « À propos de *Mystification* : l'ironie de Diderot », *Romantic Review*, 89, 1998, p. 507-529.

ROELENS, Maurice, « L'art de la digression dans l'*Entretien d'un Père avec ses Enfants* », *Europe*, 405-406, numéro spécial *Diderot*, 1963, p. 172-182.

SHERMAN, Claude, « *Utile dulci* : Diderot's Maréchale », *Enlightenment Essays*, 4, 1973.

SPALLANZANI, Mariafranca, « Figures de philosophes dans l'œuvre de Diderot », *Recherches sur Diderot et sur l'Encyclopédie*, 26, 1999, p. 49-65.

STEMPEL, Wolf-Dieter, « *Ceci n'est pas un conte*, la rhétorique du conversationnel », *Littérature*, 93, 1994, p. 66-79.

STENGER, Gerhardt, « Deux manuscrits inconnus de Diderot : *Mme de la Carlière* et *Sur les femmes* », *Dix-Huitième Siècle*, 23, 1991, p. 435-440.

–, « Les contes de Diderot : une "expérience morale" ? », in *L'Idée et ses fables. Le rôle du genre*, dir. Geneviève Artigas-Menant et Alain Couprie, Honoré Champion, coll. « Colloques, congrès et conférences. Époque moderne et contemporaine », 2008, p. 95-104.

STRUGNELL, Anthony R., « Les fonctions textuelles du moi dans deux dialogues philosophiques de Diderot », *Studies on Voltaire and the Eighteenth Century*, 208, 1982, p. 175-182 [*Entretien d'un Père avec ses Enfants, Entretien d'un philosophe avec Madame la Maréchale de* ***].

TERRASSE, Jean, « La contamination des genres chez Diderot : contes, nouvelles, entretiens ou dialogues philosophiques ? », *Eighteenth-Century Fiction*, 13, 2001, p. 279-300.

VARLOOT, Jean, « *Les Deux Amis de Bourbonne*. Une version originale fort signifiante », *Revue de la Bibliothèque nationale*, 17, 1985, p. 47-68.

NOTE SUR LA PRÉSENTE ÉDITION

Le texte de *Mystification* est celui du manuscrit du fonds Vandeul (BNF). L'orthographe et la ponctuation ont été modernisées.

Pour l'*Entretien d'un Père avec ses Enfants* et l'*Entretien d'un philosophe avec Madame la Maréchale de* ***, nous reproduisons le texte établi par Paul Vernière (Diderot, *Œuvres romanesques*, Classiques Garnier, 1964).

Pour les trois autres œuvres, le texte est celui d'Henri Bénac (Diderot, *Œuvres romanesques*, Classiques Garnier, 1965).

Il est à noter que le conte de *Mme de la Carlière* est connu aussi sous le titre *Sur l'Inconséquence du jugement public de nos actions particulières*.

CONTES ET ENTRETIENS

MYSTIFICATION

Je voudrais bien me rappeler la chose comme elle s'est passée, car elle vous amuserait. Commençons à tout hasard, sauf à laisser là mon récit, s'il m'ennuie.

M. le prince de Galitzine s'en va aux eaux d'Aix-la-Chapelle ; il y trouve la jeune et belle comtesse de Schmettau. En huit jours de temps il en devient amoureux ; il le dit, il est écouté, il est époux.

Il avait été attaché à Paris à une demoiselle Dornet, grande fille, assez belle, mais d'une mauvaise santé, ne manquant pas tout à fait d'esprit, mais ignorante comme une danseuse d'Opéra, et toute propre à donner dans un torquet [1].

Le prince, après son mariage, regretta deux ou trois portraits qu'il avait laissés à cette fille, et il me pria de les ravoir, si je pouvais. La chose n'était pas aisée. Entre plusieurs moyens qui me vinrent en tête, celui auquel je m'arrêtai, ce fut de tirer parti des inquiétudes qu'elle avait sur sa santé, et de supposer à ces portraits une influence funeste qui l'effrayât. Voilà qui est bien ridicule, me direz-vous. D'accord. Mais d'un autre côté il est si agréable de se bien porter, les portraits d'un infidèle sont si peu de chose ; il y a un si grand fond à faire sur l'imagination d'une femme alarmée, et en général les femmes sont si crédules et si pusillanimes en santé, si superstitieuses dans la maladie !

1. « Torquet : ce qui cache une embûche [...] Donner dans le torquet : donner dans le panneau » (Littré).

Le point important était de trouver un homme leste et capable de bien faire le rôle que j'avais à lui donner. Il était sous ma main. Je ne dirai rien de son talent en ce genre, vous en jugerez.

Vous connaissez à présent le sujet de la scène, ce sont *Les Portraits recouvrés*. Le lieu, c'est l'appartement de Mme Therbouche, dans la petite maison de Falconet. Les personnages sont Mme Therbouche, Mlle Dornet, surnommée la belle dame, et un certain brigand, Bonvalet-Desbrosses, soi-disant médecin turc.

C'était au mois de septembre, sur la fin du jour. Mme Therbouche avait quitté sa palette, et causait avec Desbrosses de ses affaires, auxquelles je crois qu'il prenait un profond intérêt.

Survient Mlle Dornet. Elle ne salue point, elle se jette sur un canapé. Elle n'a fait qu'un pas, et elle est excédée de fatigue. C'est qu'elle devient à rien ; c'est que ses forces s'en vont tout à fait. Et puis la voilà embarquée dans l'éternelle histoire de sa santé passée et de ses infirmités présentes. Desbrosses, le dos appuyé contre la cheminée, la regardait fixement, sans mot dire.

MADEMOISELLE DORNET, *à Desbrosses.*

A me voir, monsieur, vous aurez peine à croire un mot de ce que je dis.

DESBROSSES

D'autant plus de peine, mademoiselle, que je n'en ai rien entendu.

MADAME THERBOUCHE

Vous n'écoutiez pas ? Mais, docteur, cela est fort mal, de ne pas écouter.

DESBROSSES

C'est mon usage. Je n'écoute jamais, je regarde.

MADEMOISELLE DORNET

Et pourquoi n'écoutez-vous point ?

DESBROSSES

C'est que le discours ne m'apprendrait que ce qu'on pense de soi ; au lieu que le visage m'apprend ce qui en est.

MADEMOISELLE DORNET

Eh bien, que mon visage vous a-t-il appris ?

DESBROSSES

Que vous êtes réellement malade. Cela est sûr ; mais ce qui l'est davantage, c'est que les médecins n'ont rien connu de votre maladie.

MADEMOISELLE DORNET

Ah, je suis donc malade ? Dieu soit loué ! Mais vous, monsieur, que pensez-vous de mon état ?

DESBROSSES

Rien encore. Un homme qui se respecte ne prononcera jamais sur un premier coup d'œil, sur quelques observations superficielles.

MADEMOISELLE DORNET

Nous sommes seuls ici ; je n'ai point de secret pour madame, et vous êtes le maître d'interroger, de visiter et de voir.

DESBROSSES

Je n'interroge point, je vous l'ai déjà dit. Quand les réponses ne signifient rien, les questions sont inutiles. Mais puisque mademoiselle le permet, voyons.

Desbrosses s'approche d'elle, lui penche la tête en arrière, regarde ses yeux, qu'elle a un peu durs, mais fort beaux, écarte le fichu, promène sa main sur la gorge, veut lui tâter le ventre.

MADEMOISELLE DORNET

Mais, monsieur...

Desbrosses, sans lui répondre, continue de la parcourir, puis il va s'appuyer sur le dos d'un fauteuil et y reste quelque temps dans l'attitude d'un homme qui rêve.

MADAME THERBOUCHE

Au moins, docteur, si vous ne rencontrez pas, ce ne sera pas la faute de mademoiselle, elle s'est prêtée de bonne grâce à vos observations.

MADEMOISELLE DORNET

On veut guérir ou on ne le veut pas.

DESBROSSES, *marmottant tout bas.*

L'air, le tour du visage, les yeux... oui, les yeux d'une femme à talents.

MADAME THERBOUCHE, *éclatant de rire.*

Ah ! ah ! une femme à talents. C'est bien trouvé.

DESBROSSES

Que je revoie. Tout cela tient à si peu de chose. Mademoiselle, ouvrez les yeux, regardez-moi. Levez-vous, marchez. Déployez vos bras. Penchez votre tête sur l'épaule droite... Femme à talents, femme à talents, vous dis-je.

MADAME THERBOUCHE

Vous vous trompez, vous vous trompez, vous dis-je.

Cependant Mlle Dornet flattée du mot de femme à talents, faisait tout ce qu'il fallait pour que le docteur n'en démordît pas ; elle ne dansait pas, mais elle s'en donnait tous les airs. Desbrosses disait : « Cela est plus clair que le jour » ; et elle ajoutait : « Mais puisque M. le docteur l'a deviné, pourquoi lui en faire un mystère ?

DESBROSSES

Oh, mesdames, de la bonne foi, s'il vous plaît.

MADEMOISELLE DORNET

Monsieur le docteur, laissez dire Mme Therbouche et comptez sur ma franchise. »

Et Desbrosses revenant à elle, et lui passant la main sur les joues, lui prenant la gorge, lui pressant les cuisses, disait : « Comme cela était ferme ! comme cela était rond !

MADEMOISELLE DORNET

Hélas ! oui, cela était.

DESBROSSES, *en soupirant.*

Vie dissipée, vie délicieuse, vie funeste.

MADEMOISELLE DORNET

Vie funeste, c'est bien dit.

DESBROSSES

Et puis vie retirée, vie triste, vie ennuyée, vie plus funeste encore.

MADEMOISELLE DORNET

Mais où voyez-vous cela ?...

DESBROSSES

Cela est écrit là, là, et là encore. La tristesse passe, mais ces traces demeurent. *(A Mme Therbouche.)* Voyez, madame, vous qui êtes peintre et par conséquent physionomiste... »

La demoiselle Dornet était si curieuse de faire dire la vérité au docteur, qu'à mesure qu'il parlait et que Mme Therbouche la regardait, son visage prenait l'expression de la tristesse.

DESBROSSES

Et puis le malaise.

MADEMOISELLE DORNET

Eh oui, le malaise.

DESBROSSES

Les vapeurs.

MADEMOISELLE DORNET

J'en suis rongée.

DESBROSSES

Les angoisses, les peines d'âme et d'esprit.

MADAME THERBOUCHE

Peu.

MADEMOISELLE DORNET

Pardonnez-moi, madame, j'ai souffert et beaucoup.

DESBROSSES

L'humeur et le dépit.

MADEMOISELLE DORNET

On en aurait à moins.

DESBROSSES

La colère et les emportements.

MADEMOISELLE DORNET

Ah, monsieur le docteur, si vous saviez, quitter sa maison, courir les champs, passer le Mordeck ! Encore si j'avais aimé ; mais c'est que je n'aimais pas. On n'y comprend rien.

DESBROSSES

Les insomnies.

MADEMOISELLE DORNET

Oh non, je buvais, je mangeais, je dormais.

DESBROSSES

De fatigue. Quand une fois les esprits ont pris un certain cours et ces diables de fibres je ne sais quel pli, cela ne se redresse pas comme on veut. L'odeur qu'elle a reçue dans sa nouveauté, la cruche la retient. C'est Horace, qui est un de nos grands médecins, qui l'a dit.

MADEMOISELLE DORNET

Monsieur est médecin ?

DESBROSSES

Oui, madame.

MADAME THERBOUCHE

Je vous connaissais bien des qualités, mais non celle-là.

DESBROSSES

J'ai fait mes cours à Tubinge, et je croyais vous l'avoir dit.

MADAME THERBOUCHE

Je ne me le rappelle pas.

MADEMOISELLE DORNET

Exercez-vous ?

DESBROSSES

Quand un ami a besoin de mon secours, lorsque je puis donner un conseil salutaire, même à un indifférent, je croirais, en m'y refusant, manquer aux premiers devoirs de l'humanité.

MADEMOISELLE DORNET

Vous êtes étranger ?

DESBROSSES

Il est vrai.

MADEMOISELLE DORNET

Pourrait-on vous demander d'où vous êtes ?

DESBROSSES

Je suis Turc.

MADEMOISELLE DORNET

Vous êtes donc circoncis ?

DESBROSSES

Très circoncis.

MADEMOISELLE DORNET, *bas à Mme Therbouche.*

Cela doit être singulier, un homme circoncis.

MADAME THERBOUCHE, *bas.*

N'allez-vous pas lui parler de cela ?

MADEMOISELLE DORNET

Turc ! mais vous en avez assez la physionomie, et vous devez être fort bien en turban. On dit que l'état de médecin est très honoré en Turquie.

DESBROSSES

Et très difficile.

MADEMOISELLE DORNET

Et pourquoi plus difficile qu'ailleurs ?

DESBROSSES

C'est qu'il n'est pas permis d'interroger sa malade. L'époux est là debout, à côté de vous, la main posée sur un cimeterre ; il vous observe, il observe sa femme ; s'il vous échappe un mot, la tête du médecin est à bas.

MADEMOISELLE DORNET

Fi, les vilaines gens ! A la place des médecins, je les laisserais tous crever.

DESBROSSES

On juge la maladie aux gestes, à la couleur, aux regards, au pouls, à l'état de la peau, aux urines, aux traits de la main, quand on peut la toucher, aux rêves, quand on peut les savoir.

MADEMOISELLE DORNET

Les miens sont affreux.

DESBROSSES

J'allais vous le dire. Notre médecine turque a deux parties essentielles que la vôtre n'a pas : l'oneirocritique et la chiromancie ; l'oneirocritique ou la connaissance de la maladie par les songes, la chiromancie ou la connaissance de sa fin par les traits de la main.

MADEMOISELLE DORNET

Vous dites la bonne aventure ?

DESBROSSES

Certainement.

MADEMOISELLE DORNET

J'avais cru jusqu'à présent qu'un diseur de bonne aventure n'était qu'un fripon.

DESBROSSES

C'est assez l'ordinaire ; mais un fripon n'empêche pas qu'il n'y ait d'honnêtes gens, non plus qu'un charlatan qu'il n'y ait de vrais médecins.

MADAME THERBOUCHE

Rien n'est plus juste.

MADEMOISELLE DORNET

Regardez donc bien vite ma main ; je me meurs d'envie de savoir ce que vous y lirez.

On approche des bougies, et Desbrosses se met à lui considérer la main avec une loupe.

MADEMOISELLE DORNET

Voyez-vous là bien des choses ?

DESBROSSES

Beaucoup.

MADEMOISELLE DORNET

Bonnes ? mauvaises ?

DESBROSSES

D'unes et d'autres.

MADEMOISELLE DORNET

Vous me les direz ?

DESBROSSES

Non, madame ; il y a des choses qui ne se disent pas.

MADEMOISELLE DORNET

Eh bien, écrivez-les.

DESBROSSES

Très volontiers. »

On apporte une table, de l'encre, des plumes et du papier, et Desbrosses lui écrit de sa vie passée, de son état présent, de ses mœurs, de son tempérament, de son esprit, de ses passions, de son cœur, de son caractère, de ses intrigues, côtoyant la vérité d'assez près pour n'être ni trop clair, ni trop obscur. Il cachette son papier et le lui donne. Elle allait rompre le cachet et lire, lorsque Desbrosses l'arrêta et lui dit :

« Non, madame, pas à présent ; ce sera pour quand vous serez seule. Cela demande de votre part l'attention la plus sérieuse.

MADEMOISELLE DORNET

Avec votre permission, monsieur le docteur, il faut que je voie tout à l'heure ; je ne saurais attendre, cela me soucierait. Et puis il faut que je sache tout de suite quelle confiance on peut avoir dans un art qui m'a paru toujours suspect.

DESBROSSES

Ah, mademoiselle, puisqu'il s'agit de l'honneur de l'art, je ne puis rien refuser à l'honneur de l'art. »

Elle ouvre le papier, elle lit, et en lisant elle souriait et disait : « Ma foi, cela est vrai... Cela l'est encore... Mais cela est prodigieux... Comment est-il possible qu'on ait sa vie écrite dans sa main ?... »

« Monsieur le docteur, une femme doit trembler à vous confier sa main.

DESBROSSES

Et voilà précisément pourquoi les vrais chiromanciens s'en cachent... »

A la suite d'un assez long détail, il lui prescrivait un régime propre à rétablir une machine usée par la peine et par le plaisir, mais à laquelle il y avait encore de l'étoffe ; des aliments sains, de la distraction, de l'exercice, mais surtout la soustraction de tout ce qui pouvait lui rappeler de certaines idées, comme meubles, lettres, bijoux, portraits. Et la demoiselle Dornet qui, tout en l'écoutant, relisait ce papier fait avec beaucoup de finesse, s'écriait : « Cela est à confondre. C'est qu'on ne comprend pas du premier coup tout ce qu'il y a là-dedans. Plus je réfléchis et plus cela ressemble. Y a-t-il longtemps que vous connaissez madame ?

DESBROSSES

Trois ans ou environ. J'eus l'honneur de la voir pour la première fois à la cour de Wurtemberg. J'arrive ici ; j'apprends qu'elle y est, et je n'ai rien de plus pressé que de lui faire ma cour. Voici ma première visite. Je ne me suis pas même donné le temps de quitter mon habit de voyage, et j'ai espéré qu'elle ne verrait que mon empressement. »

En effet il était en chapeau rabattu, en petite perruque ronde et sans poudre, en casaque bleue bordée d'or et en bottines courtes.

MADEMOISELLE DORNET

Connaissez-vous M. Diderot ?

DESBROSSES

Non, madame. J'en ai beaucoup entendu parler en pays étranger, et je me propose bien de le voir avant que de quitter celui-ci.

MADEMOISELLE DORNET, *à Mme Therbouche.*

Je voudrais bien savoir ce que notre esprit fort en dirait.

MADAME THERBOUCHE

Il dirait que le docteur est un scélérat bien sifflé qui nous joue.

DESBROSSES

Je ne m'en offenserais nullement, parce que M. Diderot qui ne me connaît pas doit me juger ainsi ; mais je lui servirais d'un autre plat de mon métier qui pourrait ébranler son incrédulité. Nous en avons retourné d'aussi éclairés et de plus méfiants. Qu'il se donne seulement la peine de m'honorer d'une visite ; mais il faut que ce soit un quart d'heure avant mon départ.

MADEMOISELLE DORNET

Et pourquoi ?

DESBROSSES

C'est que je ne reste point dans un endroit quand j'y suis connu.

MADAME THERBOUCHE

Il faut que vous nous fassiez voir cela à mademoiselle et à moi.

DESBROSSES

Non, mesdames, cela est trop fort pour vous. Vous en jetteriez des cris de frayeur, on accourrait, et il n'en faudrait pas davantage pour me perdre...

Cependant la demoiselle Dornet ruminant sur son papier, disait : « Point de meubles, point de bijoux, point de lettres, point de portraits ! »

MADEMOISELLE DORNET

Monsieur le docteur, mais quel danger y a-t-il à ces choses-là, quand on n'y met plus d'importance ?

DESBROSSES

C'est qu'il est faux qu'on n'y en mette point. On les revoit, on y pense, la digestion en est plus ou moins dérangée, le sommeil interrompu ; on fait des rêves, on a des palpitations ; l'imagination s'échauffe, le sang se brûle, le tempérament se détruit, on tombe dans un état misérable, et cela sans savoir pourquoi. Témoin une grande dame d'Allemagne, une dame qui a un nom dans l'Europe ; je ne sais comment je le devinai, car c'était la vertu du pays.

MADAME THERBOUCHE

Les prêtres disaient que c'était un sortilège. »

Desbrosses hochait de la tête à Mme Therbouche et lui imposait silence en se mettant le doigt sur la bouche ; et Mlle Dornet disait au docteur :

MADEMOISELLE DORNET

Quoi, sérieusement il y a des femmes...

DESBROSSES

Il y en a sans nombre.

MADEMOISELLE DORNET

Par un bijou, des lettres, un portrait ?

DESBROSSES

J'étais à Gotha. Je vis là par hasard une jeune

fille belle comme un ange, des yeux, une bouche, un tour de visage tout comme vous l'avez. La pauvre enfant dépérissait à vue d'œil. Ses parents qui l'aimaient à la folie en étaient désolés. Je leur dis : « Changez-la de demeure et elle guérira. » Ils le firent et elle guérit.

MADAME THERBOUCHE

Elle habitait apparemment la maison d'un amant qu'elle avait perdu ?

DESBROSSES

Bien moins que cela. Sa fenêtre donnait sur un jardin où ils s'étaient quelquefois promenés... Mais une autre ; celle-ci, madame Therbouche, est une de vos compatriotes.

MADAME THERBOUCHE

La femme du chambellan de la princesse de ***.

DESBROSSES

Elle ou une autre. Il suffit que veuve depuis cinq ou six ans d'un mari dont elle n'avait pas été folle...

MADAME THERBOUCHE

C'est celle que je pensais ; j'en suis sûre.

DESBROSSES

Chut. Elle avait gardé, sans conséquence, à ce qu'elle croyait, un bracelet de ses cheveux. Ce bracelet jeté pêle-mêle avec d'autres parures de femme, lui tombait de temps en temps sous la main, et à chaque fois elle se rappelait son mari. Cela commença par des soupirs qui lui échappaient sans qu'elle s'en aperçût. Peu à peu sa tête s'embarrassa ; la mélancolie survint ; l'insomnie suivit la mélancolie ; le marasme suivit l'insomnie comme c'est l'ordinaire ; elle devint sèche comme un morceau de bois. Nous avons été quelque temps en commerce de lettres.

Depuis un an ou deux, je n'en ai pas entendu parler ; il faut qu'elle soit morte. Il ne faut pas laisser engrener cela.

MADAME THERBOUCHE

Cela ne se comprend pas.

MADEMOISELLE DORNET

C'est comme tant d'autres choses qu'on ne comprend pas davantage.

DESBROSSES

On dirait qu'il s'échappe des choses qui ont appartenu, qui ont touché à un objet aimé, des écoulements imperceptibles qui se portent là. Cette idée n'est pas nouvelle ; c'est la vieille doctrine d'Epicure. Ces Anciens-là en savaient plus que nous. Cela tient à la vision, et la vision comment se fait-elle ? Par des simulacres minces et légers qui se détachent des corps et s'élancent vers nos yeux. Qui est-ce qui connaît les qualités bien ou malfaisantes de ces simulacres ? Personne. Mais il est bien démontré par l'expérience qu'ils ne sont pas tous innocents. Quelle est la tête qui résisterait longtemps à un appartement tendu de noir ? Cependant une teinture blanche, noire, rouge, verte ou grise n'est toujours que de l'étoffe. Si les astres, qui sont à des distances infinies, versent sur nos têtes des influences qui disposent de nous, comment nier l'effet des êtres qui nous environnent, nous assaillent, nous pressent, nous touchent ? O nature ! nature ! qui est-ce qui a pénétré tes secrets ! Nous en connaissons un peu plus que le commun, mais avec cela nous sommes encore bien ignorants.

MADAME THERBOUCHE

Et le chapitre des sympathies et des antipathies ?

DESBROSSES

Il est infini.

MADAME THERBOUCHE

Et puis est-il possible qu'il ne nous reste pas de nos goûts une pente secrète ?

DESBROSSES

N'en doutez pas. Nous la suivons d'abord sans le sentir ; sa force s'accroît en nous sourdement, tant et si bien qu'elle finit à la longue par nous entraîner avec une violence à laquelle on ne résiste plus. La théologie a voulu s'en mêler ; mais affaire d'organisation, effet naturel, affaire de médecine. On devient triste sans raison, à ce qu'on croit, premier symptôme. L'ennui nous gagne ; nous cherchons à nous dissiper, nous ne le pouvons, partout il nous manque quelque chose.

MADEMOISELLE DORNET

C'est précisément où j'en suis.

DESBROSSES

Qu'une bague, un portrait, une lettre, un billet tendre qu'on aura reçu vienne à tomber sous les yeux, et voilà le simulacre perfide qui s'attache à la rétine.

MADEMOISELLE DORNET

Qu'est-ce qu'une rétine ?

DESBROSSES

C'est une toile d'araignée tissue des fils nerveux les plus déliés, les plus fins, les plus sensibles du corps, qui tapisse le fond de l'œil. Quand l'image s'est attachée à cette toile mobile, quand ses petits ébranlements ont été transmis à cette substance si délicate, si molle qu'on appelle le cerveau ; quand l'âme a pris les ondulations de cette substance ; quand l'une et l'autre lassées d'osciller, viennent à s'affaisser de fatigue, de l'ennui on passe à la tristesse, à la mélancolie, à l'attendrissement, aux larmes, au chagrin, à l'indigestion, à l'insomnie, à la douleur, aux nerfs agacés, aux vapeurs.

MADEMOISELLE DORNET

C'est moi, c'est moi, comme si ma femme de chambre vous l'avait dit.

DESBROSSES

Des vapeurs à la maigreur ; plus de tétons, plus de cuisses, plus de fesses. Des os, et puis encore quoi ? Des os...

Ici Mlle Dornet écartant avec ses deux mains la partie du vêtement qui cachait sa poitrine, leur découvrit une large plaine, inégale, traversée de profonds sillons. Cela aurait fait pitié à tout d'autres que de mauvais plaisants. Puis elle ajoutait : « Monsieur le docteur, ce n'est rien que cela ; donnez-moi votre main. » Le docteur lui donna sa main qu'elle conduisit par les fentes de ses jupons sur ses hanches.

MADEMOISELLE DORNET

Eh bien qu'en dites-vous ?

DESBROSSES

Je dis que vous n'en êtes pas encore jusqu'où cela peut aller.

MADEMOISELLE DORNET

Et que peut-il m'arriver de pis ?

DESBROSSES

C'est que le peu de graisse qui reste se fonde ; que la peau se noircisse et se colle sur des os ; que le feu prenne au squelette ; que les yeux s'allument comme deux chandelles, et que la raison se perde. Alors c'est du délire, c'est de la fureur.

MADEMOISELLE DORNET

Finissez, monsieur le docteur, vous me donnez la chair de poule.

DESBROSSES

C'est le dernier période qui est affreux, c'est la

queue des passions qui est à redouter ; cette queue-là n'a point de fin. Aussi je m'attache d'abord à la vie, aux mœurs, aux goûts, aux passions d'un malade. J'exige le sacrifice de toutes ces guenilles qui ne signifient plus rien pour le bonheur et qui peuvent avoir des suites si funestes. Si on me les refuse, je me retire et j'abandonne une insensée à son mauvais sort. Les passions, les passions, ce sont comme les volcans qu'on croit éteints parce qu'ils ne jettent plus. Moi, mesdames, moi qui vous parle, j'ai vu, j'ai connu un homme qui avait été dix ans, entendez-vous, dix ans sans songer à une infidèle qu'il avait quittée, lui, sans la chercher, sans la voir, sans en parler, sans la regretter. Au bout de ces dix ans, le hasard veut qu'il la rencontre ; ses yeux s'obscurcissent, sa tête s'embarrasse, il tremble de tous ses membres, ses genoux se dérobent sous lui, il se trouve mal, mais mal à mourir. Qu'on vienne me dire après cela qu'on connaît l'état de son cœur... Vous riez, madame Therbouche ; vous ne croyez pas à cela ?

MADAME THERBOUCHE

Tout au contraire, docteur, c'est que j'ai par-devers moi un exemple tout pareil.

DESBROSSES

Un dé à coudre plein d'une certaine poudre noire. Ce n'est rien. Une étincelle de feu ; c'est moins encore. Cependant...

MADEMOISELLE DORNET

Et la passion la plus violente, qu'est-ce dans son premier instant ? Un souris, un mot, un regard, un geste, un tour de tête, un clin d'œil, un je ne sais quoi.

MADAME THERBOUCHE

Et ce je ne sais quoi a bouleversé plus d'un empire.

DESBROSSES

Fort bien, mesdames, fort bien. Les femmes ! ah ! les femmes ! je l'ai dit cent fois, si elles voulaient s'en mêler, nous n'aurions qu'à fermer boutique. C'est une sagacité naturelle dont nous n'approchons pas avec tous nos livres. Tandis que nous tournons autour de la chose, elles mettent la main dessus.

MADAME THERBOUCHE

Trêve de galanterie ; nous savons de reste ce que nous valons. Mais que conclure de toutes les belles choses que vous nous avez débitées ?

DESBROSSES

Qu'en conclure ? C'est de ne rien négliger, de se méfier de tout, c'est, mesdames, de se secourir par tous les moyens possibles.

MADAME THERBOUCHE

Doucement, docteur ; point de pluriels. Je n'en suis pas.

DESBROSSES

D'accord, madame ; mais vous ne savez pas ce qui vous attend...

Ici le docteur se rappela qu'il avait peu dîné et qu'il avait faim. On lui offrit du pain, du vin, des pêches et du raisin qu'il accepta. Il mangeait d'un appétit et dissertait d'une profondeur que je désespère de vous rendre. Il démontrait à ces dames que dans un ordre où tout tient il n'y a point de petites choses, et que les plus minutieuses sont l'origine des plus importantes ; là-dessus il en appelait à l'histoire même de leur vie. Il faisait rentrer les lettres, les bagues, les portraits avec une adresse incroyable, et Mlle Dornet l'écoutait de toutes ses oreilles. Il disait : « Si le présent est gros de l'avenir, il faut avouer aussi qu'il en est de cette grossesse du présent comme d'une autre, et qu'il faut bien peu de chose pour le féconder... — Et que c'est bien dommage, ajoutait Mlle Dornet, qu'on ne puisse voir clair dans cette matrice-là. » Le docteur ne répondit rien, mais il fixa ses regards sur elle d'un air plein d'intérêt et même d'attendrissement ; et Mme Therbouche lui disait à l'oreille : « C'est un diable d'homme auquel je n'entends rien. Il m'a prédit à Stuttgart des choses inouïes et qui se sont vérifiées à la lettre.

MADEMOISELLE DORNET

Tout de bon ?

MADAME THERBOUCHE

D'honneur. Cela m'avait même donné du scrupule, je craignais qu'il n'y eût de la diablerie dans son fait ; mais il m'a toujours paru si honnête homme.

DESBROSSES

Que chuchotez-vous là, mesdames ? Il ne tiendrait qu'à vous que je profitasse de ce que vous dites.

MADEMOISELLE DORNET

C'est madame qui prétend que vous en savez bien plus encore que vous n'en voulez montrer.

DESBROSSES

Madame Therbouche, vous êtes une indiscrète.

MADEMOISELLE DORNET

Monsieur le docteur, ne craignez rien ; je ne suis plus un enfant, et je sais un peu ce qu'il faut dire ou taire. Madame, répondez-lui de moi et priez-le...

MADAME THERBOUCHE

Docteur, vous connaissez les femmes ; elles sont curieuses, et madame voudrait que vous lui dissiez quelque chose.

DESBROSSES

Que voulez-vous que je lui dise ? Je ne sais rien.

MADAME THERBOUCHE

Vous ne vous êtes pas repenti de m'avoir parlé. Je connais madame, et je puis vous assurer qu'elle mérite votre confiance.

DESBROSSES

Encore une fois, madame, je ne sais rien.

MADAME THERBOUCHE

Allons, mon petit docteur, mon petit docteur, ne contristez pas une belle dame comme celle-là, et dites-lui quelque chose... »

Desbrosses ne demandait pas mieux que de s'avouer sorcier pour faire plaisir à la belle dame, mais il était une heure du matin et il avait envie de dormir. Il prit un air boudeur, se leva et disparut. Mlle Dornet eut beau crier du haut de l'escalier : « Monsieur le docteur, monsieur », le bruit de la porte lui apprit qu'il était déjà dans la rue. Elle rentra bien fâchée de ne lui avoir pas offert son carrosse, du moins elle aurait su sa demeure... Et voilà nos deux femmes seules.

MADEMOISELLE DORNET

Ah çà, madame Therbouche, j'espère que vous ne me refuserez pas un service.

MADAME THERBOUCHE

Assurément, s'il est en mon pouvoir.

MADEMOISELLE DORNET

C'est un homme bien extraordinaire.

MADAME THERBOUCHE

Je vous en réponds. Vous savez ce qui m'est arrivé à Paris. Eh bien, il me l'avait annoncé, et vous et le prince Galitzine et Stackes et Mme de Rieben et M. Diderot et ce pauvre Chabert ; il n'y manquait que les noms. D'abord je traitai cela comme des rêveries, et je crois que vous en auriez fait autant.

MADEMOISELLE DORNET

Peut-être.

MADAME THERBOUCHE

C'est qu'apparemment vous avez meilleur esprit que moi.

MADEMOISELLE DORNET

Pardi, si l'on me dit des choses que je sache toute seule, il est à croire qu'on les a devinées.

MADAME THERBOUCHE

Cela est sans réplique. Mais il est tard ; venons au service que je puis vous rendre.

MADEMOISELLE DORNET

Vous le reverrez ?

MADAME THERBOUCHE

Je l'espère.

MADEMOISELLE DORNET

Il faudrait l'engager à souper chez moi. Nous ne serions que nous trois, et nous le tiendrions sur la sellette.

MADAME THERBOUCHE

Pour moi, je vous déclare que je ne veux rien savoir.

MADEMOISELLE DORNET

Et la raison ?

MADAME THERBOUCHE

C'est que les choses n'en arrivent pas moins et qu'on en a l'inquiétude d'avance.

MADEMOISELLE DORNET

C'est tout au contraire à mon égard. Les choses me touchent moins quand je m'y attends, et c'est là peut-être pourquoi je suis si curieuse. Ainsi qu'il vienne toujours ; si ce n'est pas pour vous, ce sera pour moi.

MADAME THERBOUCHE

Il n'y a plus qu'une petite difficulté, c'est qu'il est parfois bizarre et silencieux.

MADEMOISELLE DORNET

Il n'en a pas l'air.

MADAME THERBOUCHE

Je vous dis qu'il est des mois entiers sans sortir et des semaines sans desserrer les dents : il ne parle à ses gens que par signe. Il ne faut pas croire qu'il soit toujours comme vous l'avez trouvé aujourd'hui. Il est avec une amie qu'il a perdue de vue depuis deux ans et qu'il revoit pour la première fois ; il se rencontre vis-à-vis d'une femme jeune et belle : il faut que vous l'ayez singulièrement intéressé pour se lâcher comme il l'a fait.

MADEMOISELLE DORNET

Il aime les femmes.

MADAME THERBOUCHE

Les belles femmes, à la folie.

MADEMOISELLE DORNET

Vous me l'amènerez ?

MADAME THERBOUCHE

J'y ferai de mon mieux ; je ne réponds que de cela.

MADEMOISELLE DORNET

Belle, faites cela pour moi ; je vous en aurai obligation toute ma vie.

MADAME THERBOUCHE

Mais s'il vient à vous dire des choses qui vous tracassent ?

MADEMOISELLE DORNET

J'ai la tête excellente, et l'on ne me tracasse pas aisément.

MADAME THERBOUCHE

A votre place, je ne le consulterais que sur ma santé. A quoi m'ont servi ses prédictions ? A rien. J'en ai ri la première fois ; je n'en rirais pas la seconde.

MADEMOISELLE DORNET

A tout hasard, je veux savoir, et vous me fâcherez vraiment, si notre partie n'a pas lieu.

MADAME THERBOUCHE

Je ne veux pas vous fâcher, mais je ne veux pas non plus de vos reproches.

MADEMOISELLE DORNET

Vous n'en aurez point.

MADAME THERBOUCHE

Vous n'oublierez pas que c'est contre mon gré, que c'est vous qui l'avez voulu ?

MADEMOISELLE DORNET

Oui, oui, c'est moi qui l'aurai voulu, qui le veux. Voilà qui est convenu, n'est-ce pas ?

MADAME THERBOUCHE

A la bonne heure.

MADEMOISELLE DORNET, *en l'embrassant.*

Vous êtes charmante, au vrai.

Je laissai passer quelques jours entre cette scène et ma première visite. Je la trouvai soucieuse ; je lui en demandai la raison.

MADEMOISELLE DORNET

Ce n'est rien.

DIDEROT

Vous ne dites pas vrai. Qu'avez-vous ?

MADEMOISELLE DORNET

J'ai...

DIDEROT

Quoi ?

MADEMOISELLE DORNET

Puisqu'il faut vous l'avouer, j'ai vu un diable d'homme qui m'a renversé la tête.

DIDEROT

Vous êtes devenue amoureuse ? Où est le mal ? S'il vous convient, vous le garderez ; s'il ne vous convient pas, vous le renverrez.

MADEMOISELLE DORNET

Si ce n'était que cela !

DIDEROT

Ah, je comprends : vous voulez épouser.

MADEMOISELLE DORNET

Epouser ! Je ne serais pas sa femme pour tout l'or du monde ; je craindrais qu'une belle nuit le diable ne me tordît le cou.

DIDEROT

Le diable ne tord plus de cou. Rassurez-vous.

MADEMOISELLE DORNET

Avez-vous vu un certain médecin turc ?

DIDEROT

Non.

MADEMOISELLE DORNET

C'est que vous aurez sa visite.

DIDEROT

A la bonne heure. Mais qu'est-ce que ce médecin turc a de commun avec votre souci ?

MADEMOISELLE DORNET

Vous allez vous moquer de moi, j'en suis sûre ; n'importe. Je l'ai trouvé dans la petite maison.

DIDEROT

Chez Mme Therbouche ?

MADEMOISELLE DORNET

Oui. C'est un homme de sa connaissance.

DIDEROT

Eh bien, cet homme de la connaissance de Mme Therbouche ?...

MADEMOISELLE DORNET

M'a regardé dans les yeux, dans la main ; ma tâtée, retâtée, m'a parlé, m'a écrit, m'a dit tout ce que j'ai pensé, tout ce que j'ai fait, tout ce qui m'est arrivé depuis que je suis au monde.

DIDEROT

Je le crois. J'en aurais fait presque autant.

MADEMOISELLE DORNET

Vous me connaissez, vous, mais il ne me connaît pas.

DIDEROT

Mais il connaît quelqu'un qui vous connaît, et cela revient au même.

MADEMOISELLE DORNET

Je me suis bien doutée que vous me ririez au nez.

DIDEROT

Ne voudriez-vous pas que je donnasse, pour vous plaire, dans les sorciers, les revenants, les astrologues ? Allez, ce prétendu médecin turc est un sot ou un fripon.

MADEMOISELLE DORNET

Pour sot, je vous jure qu'il ne l'est pas ; pour fripon, il n'en a ni l'air, ni le ton.

DIDEROT

Il en a bien le jeu. Et que vous a-t-il donc appris, montré de si incompréhensible et de si effrayant ?

MADEMOISELLE DORNET

Le fond de mon cœur ; mes actions les plus ignorées, mes pensées les plus secrètes, ce que personne ne sait que mon bonnet et moi.

DIDEROT

Il aura causé avec votre bonnet qui n'aura pas été discret.

MADEMOISELLE DORNET

Trêve de plaisanterie ; il me trouve mal et très mal.

DIDEROT

Vous n'êtes pas bien.

MADEMOISELLE DORNET

Il exige un régime.

DIDEROT

Il a raison.

MADEMOISELLE DORNET

Des sacrifices.

DIDEROT

Il en est qu'on peut faire.

MADEMOISELLE DORNET

Il met de l'importance à des bagatelles.

DIDEROT

Il faudrait savoir ce que vous appelez de ce nom.

MADEMOISELLE DORNET

Mais les lettres, les bijoux, les portraits.

DIDEROT

Et il prétend ?

MADEMOISELLE DORNET

Qu'il s'échappe de là je ne sais quoi de pernicieux, des simulacres... oui, des simulacres, c'est le mot... qui s'en vont s'attacher... à la tétine... là, dans l'œil.

DIDEROT

Vous voulez dire à la rétine.

MADEMOISELLE DORNET

Oui, oui, à la rétine. Mais il y a donc quelque fondement là-dedans ?

DIDEROT

Je pense qu'on n'a rien de mieux à faire que de se détacher de tous les objets qui réveillent en nous un souvenir fâcheux. C'est le plus sûr.

MADEMOISELLE DORNET

Cela me ferait pourtant quelque peine.

DIDEROT

En ce cas gardez-les.

MADEMOISELLE DORNET

Mais mon médecin turc ne le veut pas.

DIDEROT

Laissez-le dire.

MADEMOISELLE DORNET

Et si tous les malheurs qu'il m'a prédits allaient fondre sur moi ?

DIDEROT

Si vous m'assurez bien que votre homme n'est ni un idiot ni un coquin, il faudra que je croie que c'est une espèce de fou.

MADEMOISELLE DORNET

Sage ou fou, dans le doute, quel inconvénient y aurait-il d'accéder à sa folie ?

DIDEROT

En ce cas défaites-vous-en.

MADEMOISELLE DORNET

Cependant il est si doux, surtout quand l'âge avance, de se rappeler ses conquêtes par les bagatelles qu'on a reçues !

DIDEROT

Gardez-les donc.

MADEMOISELLE DORNET

Mais il cite des faits qui font frémir.

DIDEROT

Ne les gardez pas.

MADEMOISELLE DORNET

Savez-vous bien que ces gardez-les, ne les gardez pas sont d'une ironie et d'une indifférence insupportable ?

DIDEROT

Si vous l'aimez mieux, faites l'un et l'autre.

MADEMOISELLE DORNET

Et comment cela, s'il vous plaît ?

DIDEROT

Confiez-les-moi.

MADEMOISELLE DORNET

Nous verrons. En attendant, si j'ai mon médecin turc à dîner, ou si nous allons souper chez lui, vous en serez, n'est-ce pas ?

DIDEROT

Volontiers.

MADEMOISELLE DORNET

Savez-vous qu'il a projeté votre guérison ?

DIDEROT

Je ne suis pas malade.

MADEMOISELLE DORNET

Vous êtes l'incrédule le plus déterminé que je connaisse.

DIDEROT

Je ne m'en porte que mieux.

MADEMOISELLE DORNET

S'il nous tient parole...

DIDEROT

Il vous manquera, c'est moi qui vous le dis.

MADEMOISELLE DORNET

Et pourquoi ?

DIDEROT

C'est que ces gens-là connaissent leur monde.

MADEMOISELLE DORNET

C'est nous dire assez nettement, à Mme Therbouche et à moi, que nous sommes deux imbéciles.

DIDEROT

Non. Mais... Voilà Naigeon qui entre, et je crois que si vous êtes un peu jalouse de son estime, vous ferez sagement de ne pas lui confier vos enfantillages.

MADEMOISELLE DORNET

Je m'en garderai bien. Vous êtes tolérant, mais il ne l'est point.

DIDEROT

Paix.

Naigeon entra, et je ne sortis que lorsque je pus compter par le nouveau tour de la conversation qu'il ne serait pas question du médecin turc ; aussi ne lui en parla-t-elle point.

Voilà où nous en sommes. Il y a un souper d'arrangé, non chez la belle dame, mais chez le docteur. Nous verrons ce que cela deviendra.

Cela ne devint rien. J'avais un buste du prince, nous devions en avoir un autre qui aurait été celui de la princesse. On aurait ajusté des corps d'osier à ces deux bustes ; nous les aurions habillés à notre fantaisie ; on les aurait placés au fond d'un petit appartement tendu de noir. Les visages des bustes auraient été garantis du contact de l'air, et l'appartement rempli de la vapeur du camphre. La belle dame serait entrée, une petite bougie allumée à la main ; la vapeur du camphre se serait enflammée, elle aurait mis feu au phosphore ; le phosphore brûlant aurait éclairé les visages du prince et de la princesse. Elle aurait reconnu le prince, et en un instant les deux fantômes auraient disparu par le moyen d'une trappe qui se serait enfoncée sous leurs pieds et refermée sur eux. Mais Desbrosses, quelques jours avant cette singerie, se cassa la tête de deux coups de pistolet, et la suite bien ou mal projetée n'eut pas lieu.

LES DEUX AMIS DE BOURBONNE

Il y avait ici deux hommes, qu'on pourrait appeler les Oreste et Pylade de Bourbonne. L'un se nommait Olivier, et l'autre Félix ; ils étaient nés le même jour, dans la même maison, et des deux sœurs. Ils avaient été nourris du même lait ; car l'une des mères étant morte en couches, l'autre se chargea des deux enfants. Ils avaient été élevés ensemble ; ils étaient toujours séparés des autres : ils s'aimaient comme on existe, comme on vit, sans s'en douter ; ils le sentaient à tout moment, et ils ne se l'étaient peut-être jamais dit. Olivier avait une fois sauvé la vie à Félix, qui se piquait d'être grand nageur, et qui avait failli de se noyer : ils ne s'en souvenaient ni l'un ni l'autre. Cent fois Félix avait tiré Olivier des aventures fâcheuses où son caractère impétueux l'avait engagé ; et jamais celui-ci n'avait songé à l'en remercier : ils s'en retournaient ensemble à la maison, sans se parler, ou en parlant d'autre chose.

Lorsqu'on tira pour la milice, le premier billet fatal étant tombé sur Félix, Olivier dit : « L'autre est pour moi. » Ils firent leur temps de service ; ils revinrent au pays : plus chers l'un à l'autre qu'ils ne l'étaient encore auparavant, c'est ce que je ne saurais vous assurer : car, petit frère, si les bienfaits réciproques cimentent les amitiés réfléchies, peut-être ne font-ils rien à celles que j'appellerais volontiers des amitiés animales et domestiques. A l'armée, dans une rencontre, Olivier étant menacé d'avoir la tête fendue d'un coup de sabre, Félix se mit machinalement au-devant du coup, et en resta balafré : on prétend qu'il était fier de cette blessure ; pour moi, je n'en crois rien. A Hastembeck, Olivier avait retiré

Félix d'entre la foule des morts, où il était demeuré. Quand on les interrogeait, ils parlaient quelquefois des secours qu'ils avaient reçus l'un de l'autre, jamais de ceux qu'ils avaient rendus l'un à l'autre. Olivier disait de Félix, Félix disait d'Olivier ; mais ils ne se louaient pas. Au bout de quelque temps de séjour au pays, ils aimèrent ; et le hasard voulut que ce fût la même fille. Il n'y eut entre eux aucune rivalité ; le premier qui s'aperçut de la passion de son ami se retira : ce fut Félix. Olivier épousa ; et Félix dégoûté de la vie sans savoir pourquoi, se précipita dans toutes sortes de métiers dangereux ; le dernier fut de se faire contrebandier.

Vous n'ignorez pas, petit frère, qu'il y a quatre tribunaux en France, Caen, Reims, Valence et Toulouse, où les contrebandiers sont jugés ; et que le plus sévère les quatre, c'est celui de Reims, où préside un nommé Coleau, l'âme la plus féroce que la nature ait encore formée. Félix fut pris les armes à la main, conduit devant le terrible Coleau, et condamné à mort, comme cinq cents autres qui l'avaient précédé. Olivier apprit le sort de Félix. Une nuit, il se lève d'à côté de sa femme, et, sans lui rien dire, il s'en va à Reims. Il s'adresse au juge Coleau ; il se jette à ses pieds, et lui demande la grâce de voir et d'embrasser Félix. Coleau le regarde, se tait un moment, et lui fait signe de s'asseoir. Olivier s'assied. Au bout d'une demi-heure, Coleau tire sa montre et dit à Olivier : « Si tu veux voir et embrasser ton ami vivant, dépêche-toi, il est en chemin ; et si ma montre va bien, avant qu'il soit dix minutes il sera pendu. » Olivier, transporté de fureur, se lève, décharge sur la nuque du cou au juge Coleau un énorme coup de bâton, dont il l'étend presque mort ; court vers la place, arrive, crie, frappe le bourreau, frappe les gens de la justice, soulève la populace indignée de ces exécutions. Les pierres volent ; Félix délivré s'enfuit ; Olivier songe à son salut : mais un soldat de maréchaussée lui avait percé les flancs d'un coup de baïonnette, sans qu'il s'en fût aperçu. Il gagna la porte de la ville, mais il ne put aller plus loin ; des voituriers charitables le jetèrent sur leur charrette, et le déposèrent à la porte de sa maison un moment avant qu'il expirât ; il n'eut que le temps de dire à sa femme : « Femme, approche, que je t'embrasse ; je me meurs, mais le balafré est sauvé. »

Un soir que nous allions à la promenade, selon notre usage, nous vîmes au-devant d'une chaumière une grande femme debout, avec quatre petits enfants à ses pieds ; sa contenance triste et ferme attira notre attention, et notre attention fixa la sienne. Après un moment de silence, elle nous dit : « Voilà quatre petits enfants, je suis leur mère, et je n'ai plus de mari. » Cette manière haute de solliciter la commisération était bien faite pour nous toucher. Nous lui offrîmes nos secours, qu'elle accepta avec honnêteté : c'est à cette occasion que nous avons appris l'histoire de son mari Olivier et de Félix son ami. Nous avons parlé d'elle, et j'espère que notre recommandation ne lui aura pas été inutile. Vous voyez, petit frère, que la grandeur d'âme et les hautes qualités sont de toutes les conditions et de tous les pays ; que tel meurt obscur, à qui il n'a manqué qu'un autre théâtre ; et qu'il ne faut pas aller jusque chez les Iroquois pour trouver deux amis.

Dans le temps que le brigand Testalunga infestait la Sicile avec sa troupe, Romano, son ami et son confident, fut pris. C'était le lieutenant de Testalunga, et son second. Le père de ce Romano fut arrêté et emprisonné pour crimes. On lui promit sa grâce et sa liberté, pourvu que Romano trahît et livrât son chef Testalunga. Le combat entre la tendresse filiale et l'amitié jurée fut violent. Mais Romano père persuada son fils de donner la préférence à l'amitié, honteux de devoir la vie à une trahison. Romano se rendit à l'avis de son père. Romano père fut mis à mort ; et jamais les tortures les plus cruelles ne purent arracher de Romano fils la délation de ses complices.

Vous avez désiré, petit frère, de savoir ce qu'est devenu Félix ; c'est une curiosité si simple, et le motif en est si louable, que nous nous sommes un peu reproché de ne l'avoir pas eue. Pour réparer cette faute, nous avons pensé d'abord à M. Papin, docteur en théologie, et curé de Sainte-Marie à Bourbonne : mais maman s'est ravisée ; et nous avons donné la préférence au subdélégué Aubert, qui est un bon homme, bien rond, et qui nous a envoyé le récit suivant, sur la vérité duquel vous pouvez compter :

« Le nommé Félix vit encore. Echappé des mains de la justice, il se jeta dans les forêts de la province, dont il avait appris à connaître les tours et les détours pendant qu'il faisait la contrebande, cherchant à s'approcher peu à peu de la demeure d'Olivier, dont il ignorait le sort.

« Il y avait au fond d'un bois, où vous vous êtes promenée quelquefois, un charbonnier dont la cabane servait d'asile à ces sortes de gens ; c'était aussi l'entrepôt de leurs marchandises et de leurs armes : ce fut là que Félix se rendit, non sans avoir couru le danger de tomber dans les embûches de la maréchaussée, qui le suivait à la piste. Quelques-uns de ses associés y avaient porté la nouvelle de son emprisonnement à Reims ; et le charbonnier et la charbonnière le croyaient justicié, lorsqu'il leur apparut.

« Je vais vous raconter la chose, comme je la tiens de la charbonnière, qui est décédée ici il n'y a pas longtemps.

« Ce furent ses enfants, en rôdant autour de la cabane, qui le virent les premiers. Tandis qu'il s'arrêtait à caresser le plus jeune, dont il était le parrain, les autres entrèrent dans la cabane en criant : Félix ! Félix ! Le père et la mère sortirent en répétant le même cri de joie ; mais ce misérable était si harassé de fatigue et de besoin, qu'il n'eut pas la force de répondre, et qu'il tomba presque défaillant entre leurs bras.

« Ces bonnes gens le secoururent de ce qu'ils avaient, lui donnèrent du pain, du vin, quelques légumes : il mangea, et s'endormit.

« A son réveil, son premier mot fut : « Olivier ! Enfants, ne savez vous rien d'Olivier ? — Non », lui répondirent-ils. Il leur raconta l'aventure de Reims ; il passa la nuit et le jour suivant avec eux. Il soupirait, il prononçait le nom d'Olivier ; il le croyait dans les prisons de Reims ; il voulait y aller, il voulait aller mourir avec lui ; et ce ne fut pas sans peine que le charbonnier et la charbonnière le détournèrent de ce dessein.

« Sur le milieu de la seconde nuit, il prit un fusil, il mit un sabre sous son bras, et s'adressant à voix basse au charbonnier... « Charbonnier !

« — Félix !

« — Prends ta cognée, et marchons.

« — Où !

« — Belle demande ! chez Olivier. »

« Ils vont ; mais tout en sortant de la forêt, les voilà enveloppés d'un détachement de maréchaussée.

« Je m'en rapporte à ce que m'en a dit la charbonnière ; mais il est inouï que deux hommes à pied aient pu tenir contre une vingtaine d'hommes à cheval : apparemment que ceux-ci étaient épars, et qu'ils voulaient se saisir de leur proie en vie. Quoi qu'il en soit, l'action fut très chaude ; il y eut cinq chevaux d'estropiés et sept cavaliers de hachés ou sabrés. Le pauvre charbonnier resta mort sur la place d'un coup de feu à la tempe ; Félix regagna la forêt ; et comme il est d'une agilité incroyable, il courait d'un endroit à l'autre ; en courant, il chargeait son fusil, tirait, donnait un coup de sifflet. Ces coups de sifflet, ces coups de fusil donnés, tirés à différents intervalles et de différents côtés, firent craindre aux cavaliers de maréchaussée qu'il n'y eût là une horde de contrebandiers ; et ils se retirèrent en diligence.

« Lorsque Félix les vit éloignés, il revint sur-le-champ de bataille ; il mit le cadavre du charbonnier sur ses épaules, et reprit le chemin de la cabane, où la charbonnière et ses enfants dormaient encore. Il s'arrête à la porte, il étend le cadavre à ses pieds, et s'assied le dos appuyé contre un arbre et le visage tourné vers l'entrée de la cabane. Voilà le spectacle qui attendait la charbonnière au sortir de sa baraque.

« Elle s'éveille, elle ne trouve point son mari à côté d'elle ; elle cherche des yeux Félix, point de Félix. Elle se lève, elle sort, elle voit, elle crie, elle tombe à la renverse. Ses enfants accourent, ils voient, ils crient ; ils se roulent sur leur père, ils se roulent sur leur mère. La charbonnière, rappelée à elle-même par le tumulte et les cris de ses enfants, s'arrache les cheveux, se déchire les joues. Félix immobile au pied de son arbre, les yeux fermés, la tête renversée en arrière, leur disait d'une voix éteinte : « Tuez-moi. » Il se faisait un moment de silence ; ensuite la douleur et les cris reprenaient, et Félix leur redisait : « Tuez-moi ; enfants, par pitié, tuez-moi. »

« Ils passèrent ainsi trois jours et trois nuits à se désoler ; le quatrième, Félix dit à la charbonnière : « Femme, prends ton bissac, mets-y du pain, et suis-moi. » Après un long circuit à travers nos montagnes et nos forêts, ils arrivèrent à la maison d'Olivier, qui est située, comme vous savez, à l'extrémité du bourg, à l'endroit où la voie se partage en deux routes, dont l'une conduit en Franche-Comté et l'autre en Lorraine.

« C'est là que Félix va apprendre la mort d'Olivier et se trouver entre les veuves de deux hommes massacrés à son sujet. Il entre et dit brusquement à la femme Olivier : « Où est Olivier ? » Au silence de cette femme, à son vêtement, à ses pleurs, il comprit qu'Olivier n'était plus. Il se trouva mal ;

il tomba et se fendit la tête contre la huche à pétrir le pain. Les deux veuves le relevèrent ; son sang coulait sur elles ; et tandis qu'elles s'occupaient à l'étancher avec leurs tabliers, il leur disait : « Et vous êtes leurs femmes, et vous me secourez ! » Puis il défaillait, puis il revenait et disait en soupirant : « Que ne me laissait-il ? Pourquoi s'en venir à Reims ? Pourquoi l'y laisser venir ?... » Puis sa tête se perdait, il entrait en fureur, il se roulait à terre et déchirait ses vêtements. Dans un de ces accès, il tira son sabre, et il allait s'en frapper ; mais les deux femmes se jetèrent sur lui, crièrent au secours ; les voisins accoururent : on le lia avec des cordes, et il fut saigné sept à huit fois. Sa fureur tomba avec l'épuisement de ses forces ; et il resta comme mort pendant trois ou quatre jours, au bout desquels la raison lui revint. Dans le premier moment, il tourna ses yeux autour de lui, comme un homme qui sort d'un profond sommeil, et il dit : « Où suis-je ? Femmes, qui êtes-vous ? » La charbonnière lui répondit : « Je suis la charbonnière... » Il reprit : « Ah ! oui, la charbonnière... Et vous ?... » La femme Olivier se tut. Alors il se mit à pleurer, il se tourna du côté de la muraille, et dit en sanglotant : « Je suis chez Olivier... ce lit est celui d'Olivier... et cette femme qui est là, c'était la sienne ! Ah ! »

« Ces deux femmes en eurent tant de soin, elles lui inspirèrent tant de pitié, elles le prièrent si instamment de vivre, elles lui remontrèrent d'une manière si touchante qu'il était leur unique ressource, qu'il se laissa persuader.

« Pendant tout le temps qu'il resta dans cette maison, il ne se coucha plus. Il sortait la nuit, il errait dans les champs, il se roulait sur la terre, il appelait Olivier ; une des femmes le suivait et le ramenait au point du jour.

« Plusieurs personnes le savaient dans la maison d'Olivier ; et parmi ces personnes il y en avait de malintentionnées. Les deux veuves l'avertirent du péril qu'il courait : c'était une après-midi, il était assis sur un banc, son sabre sur ses genoux, les coudes appuyés sur une table et ses deux poings sur ses deux yeux. D'abord il ne répondit rien. La femme Olivier avait un garçon de dix-sept à dix-huit ans, la charbonnière une fille de quinze. Tout à coup il dit à la charbonnière : « La charbonnière, va chercher ta fille et amène-la ici... » Il avait quelques fauchées de prés, il les vendit. La charbonnière revint avec sa fille, le fils d'Olivier l'épousa : Félix leur donna l'argent de ses prés, les embrassa, leur demanda pardon en pleurant ; et ils allèrent s'établir dans la cabane où ils sont encore et où ils servent de père et de mère aux autres enfants. Les deux veuves demeurèrent ensemble ; et les enfants d'Olivier eurent un père et deux mères.

« Il y a à peu près un an et demi que la charbonnière est morte ; la femme d'Olivier la pleure encore tous les jours.

« Un soir qu'elles épiaient Félix (car il y en avait une des deux qui le gardait toujours à vue), elles le virent qui fondait en larmes ; il tournait en silence ses bras vers la porte qui le séparait d'elles, et il se remettait ensuite à faire son sac. Elles ne lui dirent rien, car elles comprenaient de reste combien son départ était nécessaire. Ils soupèrent tous les trois sans parler. La nuit, il se leva ; les femmes ne dormaient point : il s'avança vers la porte sur la pointe des pieds. Là, il s'arrêta, regarda vers le lit des deux femmes, essuya ses yeux de ses mains et sortit. Les deux femmes se serrèrent dans les bras l'une de l'autre et passèrent le reste de la nuit à pleurer. On ignore où il se réfugia ; mais il n'y a guère eu de semaines qu'il ne leur ait envoyé quelques secours.

« La forêt où la fille de la charbonnière vit avec le fils d'Olivier, appartient à un M. Leclerc de Rançonnières, homme fort riche et seigneur d'un autre village de ces cantons, appelé Courcelles. Un jour que M. de Rançonnières ou de Courcelles, comme il vous plaira, faisait une chasse dans sa forêt, il arriva à la cabane du fils d'Olivier ; il y entra, il se mit à jouer avec les enfants, qui sont jolis ; il les questionna ; la figure de la femme, qui n'est pas mal, lui revint ; le ton ferme du mari, qui tient beaucoup de son père, l'intéressa ; il apprit l'aventure de leurs parents, il promit de solliciter la grâce de Félix ; il la sollicita et l'obtint.

« Félix passa au service de M. de Rançonnières, qui lui donna une place de garde-chasse.

« Il y avait environ deux ans qu'il vivait dans le château de Rançonnières, envoyant aux veuves une bonne partie de ses gages, lorsque l'attachement à son maître et la fierté de son caractère l'impliquèrent dans une affaire qui n'était rien dans son origine, mais qui eut les suites les plus fâcheuses.

« M. de Rançonnières avait pour voisin à Courcelles, un M. Fourmont, conseiller au présidial de Ch... Les deux maisons n'étaient séparées que par une borne ; cette borne gênait la porte de M. de Rançonnières et en rendait l'entrée difficile aux voitures. M. de Rançonnières la fit reculer de quelques pieds du côté de M. Fourmont ; celui-ci renvoya la borne d'autant sur M. de Rançonnières ; et puis voilà de la haine, des insultes, un procès entre les deux voisins. Le procès de la borne en suscita deux ou trois autres plus considérables. Les choses en étaient là, lorsqu'un soir M. de Rançonnières, revenant de la chasse, accompagné de son garde Félix, fit rencontre, sur le grand chemin, de M. Fourmont le magistrat et de son frère le militaire. Celui-ci dit à son frère : « Mon frère, si l'on coupait le visage à ce vieux bougre-là, qu'en pensez-vous ? » Ce propos ne fut pas entendu de M. de Rançonnières, mais il le fut malheureusement de Félix, qui s'adressant fièrement au jeune homme, lui dit : « Mon officier, seriez-vous assez brave pour vous mettre seulement en devoir de faire ce que vous avez dit ? » Au même instant, il pose son fusil à terre et met la main sur la garde de son sabre, car il n'allait jamais sans son sabre. Le jeune militaire tire son épée, s'avance sur Félix ; M. de Rançonnières accourt, s'interpose, saisit son garde. Cependant le militaire s'empare du fusil qui était à terre, tire sur Félix, le manque ; celui-ci riposte d'un coup de sabre, fait tomber l'épée de la main au jeune homme, et avec l'épée la moitié du bras : et voilà un procès criminel en sus de trois ou quatre procès civils ; Félix confiné dans les prisons ; une procédure effrayante ; et à la suite de cette procédure, un magistrat dépouillé de son état et presque déshonoré, un militaire exclu de son corps, M. de Rançonnières mort de chagrin, et Félix, dont la détention durait toujours, exposé à tout le ressentiment des Fourmont. Sa fin eût été malheureuse, si l'amour ne l'eût secouru ; la fille du geôlier prit de la passion pour lui et facilita son évasion : si cela n'est pas vrai, c'est du moins l'opinion publique. Il s'en est allé en Prusse, où il sert aujourd'hui dans le régiment des gardes. On dit qu'il y est aimé de ses camarades, et même connu du roi. Son nom de guerre est le Triste ; la veuve Olivier m'a dit qu'il continuait à la soulager.

« Voilà, madame, tout ce que j'ai pu recueillir de l'histoire de Félix. Je joins à mon récit une lettre de M. Papin, notre curé. Je ne sais ce qu'elle contient ; mais je crains bien que le pauvre prêtre, qui a la tête un peu étroite et le cœur assez mal tourné, ne vous parle d'Olivier et de Félix d'après ses préventions. Je vous conjure, madame, de vous en tenir aux faits sur la vérité desquels vous pouvez compter, et à la bonté de votre cœur, qui vous conseillera mieux que le premier casuiste de Sorbonne, qui n'est pas M. Papin. »

LETTRE

DE M. PAPIN, DOCTEUR EN THÉOLOGIE, ET CURÉ DE SAINTE-MARIE A BOURBONNE

J'ignore, madame, ce que M. le subdélégué a pu vous conter d'Olivier et de Félix, ni quel intérêt vous pouvez prendre à deux brigands, dont tous les pas dans ce monde ont été trempés de sang. La Providence qui a châtié l'un, a laissé à l'autre quelques moments de répit, dont je crains bien qu'il ne profite pas ; mais que la volonté de Dieu soit faite ! Je sais qu'il y a des gens ici (et je ne serais point étonné que M. le subdélégué fût de ce nombre) qui parlent de ces deux hommes comme de modèles d'une amitié rare ; mais qu'est-ce aux yeux de Dieu que la plus sublime vertu, dénuée des sentiments de la piété, du respect dû à l'Eglise et à ses ministres, et de la soumission à la loi du souverain ? Olivier est mort à la porte de sa maison, sans sacrements ; quand je fus appelé auprès de Félix, chez les deux veuves, je n'en pus jamais tirer autre chose que le nom d'Olivier ; aucun signe de religion, aucune marque de repentir. Je n'ai pas mémoire que celui-ci se soit présenté une fois au tribunal de la pénitence. La femme Olivier est une arrogante qui m'a manqué en plus d'une occasion ; sous prétexte qu'elle sait lire et écrire, elle se croit en état d'élever ses enfants ; et on ne les voit ni aux écoles de la paroisse, ni à mes instructions. Que madame juge d'après cela, si des gens de cette espèce sont bien dignes de ses bontés ! L'Evangile ne cesse de nous recommander la commisération pour les pauvres ; mais on double le mérite de sa charité par un bon choix des misérables ; et personne ne connaît mieux les vrais indigents que le pasteur commun des indigents et des riches. Si madame daignait m'honorer de sa confiance, je placerais peut-être les marques de sa bienfaisance d'une manière plus utile pour les malheureux, et plus méritoire pour elle.

Je suis avec respect, etc.

Madame de... remercia M. le subdélégué Aubert de ses intentions, et envoya ses aumônes à M. Papin, avec le billet qui suit :

« Je vous suis très obligée, monsieur, de vos sages conseils. Je vous avoue que l'histoire de ces deux hommes m'avait touchée ; et vous conviendrez que l'exemple d'une amitié aussi rare était bien fait pour séduire une âme honnête et sensible : mais vous m'avez éclairée, et j'ai conçu qu'il valait mieux porter ses secours à des vertus chrétiennes et malheureuses, qu'à des vertus naturelles et païennes. Je vous prie d'accepter la somme modique que je vous envoie, et de la distribuer d'après une charité mieux entendue que la mienne.

« J'ai l'honneur d'être, etc. »

On pense bien que la veuve Olivier et Félix n'eurent aucune part aux aumônes de madame de... Félix mourut ; et la pauvre femme aurait péri de misère avec ses enfants, si elle ne s'était réfugiée dans la forêt, chez son fils aîné, où elle travaille, malgré son grand âge, et subsiste comme elle peut à côté de ses enfants et de ses petits-enfants.

Et puis, il y a trois sortes de contes... Il y en a bien davantage, me direz-vous... A la bonne heure ; mais je distingue le conte à la manière d'Homère, de Virgile, du Tasse, et je l'appelle le conte merveilleux. La nature y est exagérée ; la vérité y est hypothétique : et si le conteur a bien gardé le module qu'il a choisi, si tout répond à ce module, et dans les actions, et dans les discours, il a obtenu le degré de perfection que le genre de son ouvrage comportait, et vous n'avez rien de plus à lui demander. En entrant dans son poème, vous mettez le pied dans une terre inconnue, où rien ne se passe comme dans celle que vous habitez, mais où tout se fait en grand comme les choses se font autour de vous en petit. Il y a le conte plaisant à la façon de La Fontaine, de Vergier, de l'Arioste, d'Hamilton, où le conteur ne se propose ni l'imitation de la nature, ni la vérité, ni l'illusion ; il s'élance dans les espaces imaginaires. Dites à celui-ci : Soyez gai, ingénieux, varié, original, même extravagant, j'y consens ; mais séduisez-moi par les détails ; que le charme de la forme me dérobe toujours l'invraisemblance du fond :

et si ce conteur fait ce que vous exigez ici, il a tout fait. Il y a enfin le conte historique, tel qu'il est écrit dans les nouvelles de Scarron, de Cervantes, de Marmontel...

— Au diable le conte et le conteur historiques ! c'est un menteur plat et froid...

— Oui, s'il ne sait pas son métier. Celui-ci se propose de vous tromper ; il est assis au coin de votre âtre ; il a pour objet la vérité rigoureuse ; il veut être cru ; il veut intéresser, toucher, entraîner, émouvoir, faire frissonner la peau et couler les larmes ; effets qu'on n'obtient point sans éloquence et sans poésie. Mais l'éloquence est une sorte de mensonge, et rien de plus contraire à l'illusion que la poésie ; l'une et l'autre exagèrent, surfont, amplifient, inspirent la méfiance : comment s'y prendra donc ce conteur-ci pour vous tromper ? Le voici. Il parsèmera son récit de petites circonstances si liées à la chose, de traits si simples, si naturels, et toutefois si difficiles à imaginer, que vous serez forcé de vous dire en vous-même : Ma foi, cela est vrai : on n'invente pas ces choses-là. C'est ainsi qu'il sauvera l'exagération de l'éloquence et de la poésie ; que la vérité de la nature couvrira le prestige de l'art ; et qu'il satisfera à deux conditions qui semblent contradictoires, d'être en même temps historien et poète, véridique et menteur.

Un exemple emprunté d'un autre art rendra peut-être plus sensible ce que je veux vous dire. Un peintre exécute sur la toile une tête. Toutes les formes en sont fortes, grandes et régulières ; c'est l'ensemble le plus parfait et le plus rare. J'éprouve, en le considérant, du respect, de l'admiration, de l'effroi. J'en cherche le modèle dans la nature, et ne l'y trouve pas ; en comparaison, tout y est faible, petit et mesquin ; c'est une tête idéale ; je le sens, je me le dis. Mais que l'artiste me fasse apercevoir au front de cette tête une cicatrice légère, une verrue à l'une de ses tempes, une coupure imperceptible à la lèvre inférieure ; et, d'idéale qu'elle était, à l'instant la tête devient un portrait ; une marque de petite vérole au coin de l'œil ou à côté du nez, et ce visage de femme n'est plus celui de Vénus ; c'est le portrait de quelqu'une de mes voisines. Je dirai donc à nos conteurs historiques : Vos figures sont belles, si vous voulez ; mais il y manque la verrue à la tempe, la coupure à la lèvre, la marque de petite vérole à côté du nez, qui les rendraient vraies ; et, comme disait mon ami Caillot : « Un peu de poussière sur mes souliers, et je ne sors pas de ma loge, je reviens de la campagne. »

Atque ita mentitur, sic veris falsa remiscet,
Primo ne medium, medio ne discrepet imum.

HORAT. *De Art. poet.*, v. 151.

Et puis un peu de morale après un peu de poétique, cela va si bien ! Félix était un gueux qui n'avait rien ; Olivier était un autre gueux qui n'avait rien : dites-en autant du charbonnier, de la charbonnière, et des autres personnages de ce conte ; et concluez qu'en général il ne peut guère y avoir d'amitiés entières et solides qu'entre des hommes qui n'ont rien. Un homme alors est toute la fortune de son ami, et son ami est toute la sienne. De là la vérité de l'expérience, que le malheur resserre les liens ; et la matière d'un petit paragraphe de plus pour la première édition du livre de *l'Esprit*.

ENTRETIEN D'UN PERE AVEC SES ENFANTS OU DU DANGER DE SE METTRE AU-DESSUS DES LOIS

Mon père, homme d'un excellent jugement, mais homme pieux, était renommé dans sa province pour sa probité rigoureuse. Il fut, plus d'une fois, choisi pour arbitre entre ses concitoyens ; et des étrangers qu'il ne connaissait pas lui confièrent souvent l'exécution de leurs dernières volontés. Les pauvres pleurèrent sa perte, lorsqu'il mourut. Pendant sa maladie, les grands et les petits marquèrent l'intérêt qu'ils prenaient à sa conservation. Lorsqu'on sut qu'il approchait de sa fin, toute la ville fut attristée. Son image sera toujours présente à ma mémoire ; il me semble que je le vois dans son fauteuil à bras, avec son maintien tranquille et son visage serein. Il me semble que je l'entends encore. Voici l'histoire d'une de nos soirées, et un modèle de l'emploi des autres.

C'était en hiver. Nous étions assis autour de lui, devant le feu, l'abbé, ma sœur et moi. Il me disait, à la suite d'une conversation sur les inconvénients de la célébrité : « Mon fils, nous avons fait tous les deux du bruit dans le monde, avec cette différence que le bruit que vous faisiez avec votre outil vous ôtait le repos ; et que celui que je faisais avec le mien ôtait le repos aux autres. » Après cette plaisanterie, bonne ou mauvaise, du vieux forgeron, il se mit à rêver, à nous regarder avec une attention tout à fait marquée, et l'abbé lui dit : « Mon père, à quoi rêvez-vous ?

— Je rêve, lui répondit-il, que la réputation d'homme de bien, la plus désirable de toutes, a ses périls, même pour celui qui la mérite. » Puis, après une courte pause, il ajouta : « J'en frémis encore, quand j'y pense... Le croiriez-vous, mes enfants ? Une fois dans ma vie, j'ai été sur le point de vous ruiner ; oui, de vous ruiner de fond en comble.

L'ABBÉ

Et comment cela ?

MON PÈRE

Comment ? Le voici...

Avant que je commence (dit-il à sa fille), sœurette, relève mon oreiller qui est descendu trop bas ; (à moi) et toi, ferme les pans de ma robe de chambre, car le feu me brûle les jambes... Vous avez tous connu le curé de Thivet.

MA SŒUR

Ce bon vieux prêtre, qui, à l'âge de cent ans, faisait ses quatre lieues dans la matinée ?

L'ABBÉ

Qui s'éteignit à cent et un ans, en apprenant la mort d'un frère qui demeurait avec lui, et qui en avait quatre-vingt-dix-neuf ?

MON PÈRE

Lui-même.

L'ABBÉ

Eh bien ?

MON PÈRE

Eh bien, ses héritiers, gens pauvres et dispersés sur les grands chemins, dans les campagnes, aux portes des églises où ils mendiaient leur vie, m'envoyèrent une procuration, qui m'autorisait à me transporter sur les lieux, et à pourvoir à la sûreté des effets du défunt curé leur parent. Comment refuser à des indigents un service que j'avais rendu à plusieurs familles opulentes ? J'allai à Thivet ; j'appelai la justice du lieu ; je fis apposer les scellés, et j'attendis l'arrivée des héritiers. Ils ne tardèrent pas à venir ; ils étaient au nombre de dix à douze. C'étaient des femmes sans bas, sans souliers, presque sans vêtements, qui tenaient contre leur sein des enfants entortillés de leurs mauvais tabliers ; des vieillards couverts de haillons qui s'étaient traînés jusque-là, portant sur leurs épaules, avec un bâton, une poignée de guenilles enveloppées dans une autre guenille ; le spectacle de la misère la plus hideuse. Imaginez, d'après cela, la joie de ces héritiers à l'aspect d'une dizaine de mille francs qui revenait à chacun d'eux ; car, à vue de pays, la succession du curé pouvait aller à une centaine de mille francs au moins. On lève les scellés. Je procède, tout le jour, à l'inventaire des effets. La nuit vient. Ces malheureux se retirent ; je reste seul. J'étais pressé de les mettre en possession de leurs lots, de les congédier, et de revenir à mes affaires. Il y avait sous un bureau un vieux coffre, sans couvercle et rempli de toutes sortes de paperasses ; c'étaient de vieilles lettres, des brouillons de réponses, des quittances surannées, des reçus de rebut, des comptes de dépenses, et d'autres chiffons de cette nature ; mais, en pareil cas, on lit tout, on ne néglige rien. Je touchais à la fin de cette ennuyeuse révision, lorsqu'il me tomba sous les mains un écrit assez long ; et cet écrit, savez-vous ce que c'était ? Un testament ! un testament signé du curé ! Un testament, dont la date était si ancienne, que ceux qu'il en nommait exécuteurs n'existaient plus depuis vingt ans ! Un testament où il rejetait les pauvres qui dormaient autour de moi, et instituait légataires universels les Frémin, ces riches libraires de Paris, que tu dois connaître, toi. Je vous laisse à juger de ma surprise et de ma douleur ; car, que faire de cette pièce ? La brûler ? Pourquoi non ? N'avait-elle pas tous les caractères de la réprobation ? Et l'endroit où je l'avais trouvée, et les papiers avec lesquels elle était confondue et assimilée, ne déposaient-ils pas assez fortement contre elle, sans parler de son injustice révoltante ? Voilà ce que je me disais en moi-même ; et me représentant en même temps la désolation de ces malheureux héritiers spoliés, frustrés de leur espérance, j'approchais tout doucement le testament du feu ; puis, d'autres idées croisaient les premières, je ne sais quelle frayeur de me tromper dans la décision d'un cas aussi important, la méfiance de mes lumières, la crainte d'écouter plutôt la voix de la commisération, qui criait au fond de mon cœur, que celle de la justice, m'arrêtaient subitement ; et je passai le reste de la nuit à délibérer sur cet acte inique que je tins plusieurs fois au-dessus de la flamme, incertain si je le brûlerais ou non. Ce dernier parti l'emporta ; une minute plus tôt ou plus tard, c'eût été le parti contraire. Dans ma perplexité, je crus qu'il était sage de prendre le conseil de quelque personne éclairée. Je monte à cheval dès la pointe du jour ; je m'achemine à toutes jambes vers la ville ; je passe devant la porte de ma maison, sans y entrer ; je descends au séminaire qui était alors occupé par des Oratoriens, entre lesquels il y en avait un distingué par la sûreté de ses lumières et la sainteté de ses mœurs : c'était un père Bouin, qui a laissé dans le diocèse la réputation du plus grand casuiste. »

Mon père en était là, lorsque le docteur Bissei entra : c'était l'ami et le médecin de la maison. Il s'informa de la santé de mon père, lui tâta le pouls, ajouta, retrancha à son régime, prit une chaise, et se mit à causer avec nous.

Mon père lui demanda des nouvelles de quelques-uns de ses malades, entre autres d'un vieux fripon d'intendant d'un M. de La Mésangère, ancien maire de notre ville. Cet intendant avait mis le désordre [et le feu] dans les affaires de son maître, avait fait de faux emprunts sous son nom, avait égaré des titres, s'était approprié des fonds, avait commis une infinité de friponneries dont la plupart étaient avérées, et il était à la veille de subir une peine infamante, sinon capitale. Cette affaire occupait alors toute la province. Le docteur lui dit que cet homme était fort mal, mais qu'il ne désespérait pas de le tirer d'affaire.

MON PÈRE

C'est un très mauvais service à lui rendre.

MOI

Et une très mauvaise action à faire.

LE DOCTEUR BISSEI

Une mauvaise action ! Et la raison, s'il vous plaît ?

MOI

C'est qu'il y a tant de méchants dans ce monde, qu'il n'y faut pas retenir ceux à qui il prend envie d'en sortir.

LE DOCTEUR BISSEI

Mon affaire est de le guérir, et non de le juger ; je le guérirai, parce que c'est mon métier ; ensuite le magistrat le fera pendre, parce que c'est le sien.

MOI

Docteur, mais il y a une fonction commune à tout bon citoyen, à vous, à moi, c'est de travailler de toute notre force à l'avantage de la république ; et il me semble que ce n'en est pas un pour elle que le salut d'un malfaiteur, dont incessamment les lois la délivreront.

LE DOCTEUR BISSEI

Et à qui appartient-il de le déclarer malfaiteur ? Est-ce à moi ?

MOI

Non, c'est à ses actions.

LE DOCTEUR BISSEI

Et à qui appartient-il de connaître de ses actions ? Est-ce à moi ?

MOI

Non ; mais permettez, docteur, que je change un peu la thèse, en supposant un malade dont les crimes soient de notoriété publique. On vous appelle ; vous accourez, vous ouvrez les rideaux, et vous reconnaissez Cartouche ou Nivet. Guérirez-vous Cartouche ou Nivet ?...

Le docteur Bissei, après un moment d'incertitude, répondit ferme qu'il le guérirait ; qu'il oublierait le nom du malade, pour ne s'occuper que du caractère de la maladie ; que c'était la seule chose dont il lui fût permis de connaître ; que s'il faisait un pas au-delà, bientôt il ne saurait plus où s'arrêter ; que ce serait abandonner la vie des hommes à la merci de l'ignorance, des passions, du préjugé, si l'ordonnance devait être précédée de l'examen de la vie et des mœurs du malade. « Ce que vous me dites de Nivet, un janséniste me le dira d'un moliniste, un catholique d'un protestant. Si vous m'écartez du lit de Cartouche, un fanatique m'écartera du lit d'un athée. C'est bien assez que d'avoir à doser le remède, sans avoir encore à doser la méchanceté qui permettrait ou non de l'administrer...

— Mais, docteur, lui répondis-je, si après votre belle cure, le premier essai que le scélérat fera de sa convalescence, c'est d'assassiner votre ami, que direz-vous ? Mettez la main sur la conscience ; ne vous repentirez-vous point de l'avoir guéri ? Ne vous écrierez-vous point avec amertume : Pourquoi l'ai-je secouru ! Que ne le laissai-je mourir ! N'y a-t-il pas là de quoi empoisonner le reste de votre vie ?

LE DOCTEUR BISSEI

Assurément, je serai consumé de douleur ; mais je n'aurai point de remords.

MOI

Et quels remords pourriez-vous avoir, je ne dis point d'avoir tué, car il ne s'agit pas de cela ; mais d'avoir laissé périr un chien enragé ? Docteur, écoutez-moi. Je suis plus intrépide que vous ; je ne me laisse point brider par de vains raisonnements. Je suis médecin. Je regarde mon malade ; en le regardant, je reconnais un scélérat, et voici le discours que je lui tiens : « Malheureux, dépêche-toi de mourir ; c'est tout ce qui peut t'arriver de mieux pour les autres et pour toi. Je sais bien ce qu'il y aurait à faire pour dissiper ce point de côté qui t'oppresse, mais je n'ai garde de l'ordonner ; je ne hais pas assez mes concitoyens, pour te renvoyer de nouveau au milieu d'eux, et me préparer à moi-même une douleur éternelle par les nouveaux forfaits que tu commettrais. Je ne serai point ton complice. On punirait celui qui te recèle dans sa maison, et je croirais innocent celui qui t'aurait sauvé ! Cela ne se peut. Si j'ai un regret, c'est qu'en te livrant à la mort je t'arrache au dernier supplice. Je ne m'occuperai point de rendre à la vie celui dont il m'est enjoint par l'équité naturelle, le bien de la société, le salut de mes semblables, d'être le dénonciateur. Meurs, et qu'il ne soit pas dit que par mon art et mes soins il existe un monstre de plus. »

LE DOCTEUR BISSEI

Bonjour, papa. Ah çà, moins de café après dîner, entendez-vous ?

MON PÈRE

Ah ! docteur, c'est une si bonne chose que le café !

LE DOCTEUR BISSEI

Du moins, beaucoup, beaucoup de sucre.

MA SŒUR

Mais, docteur, ce sucre nous échauffera.

LE DOCTEUR BISSEI

Chansons ! Adieu, philosophe.

MOI

Docteur, encore un moment. Galien, qui vivait sous Marc-Aurèle, et qui, certes, n'était pas un homme ordinaire, bien qu'il crût aux songes, aux amulettes et aux maléfices, dit de ses préceptes sur les moyens de conserver les nouveau-nés : « C'est aux Grecs, aux Romains, à tous ceux qui marchent sur leurs pas dans la carrière des sciences, que je les adresse. Pour les Germains et le reste des barbares, ils n'en sont pas plus dignes que les ours, les sangliers, les lions, et les autres bêtes féroces. »

LE DOCTEUR BISSEI

Je savais cela. Vous avez tort tous les deux ; Galien, d'avoir proféré sa sentence absurde ; vous, d'en faire une autorité. Vous n'existeriez pas, ni vous ni votre éloge ou votre critique de Galien, si la nature n'avait pas eu d'autre secret que le sien pour conserver les enfants des Germains.

MOI

Pendant la dernière peste de Marseille...

LE DOCTEUR BISSEI

Dépêchez-vous, car je suis pressé.

MOI

Il y avait des brigands qui se répandaient dans les maisons, pillant, tuant, profitant du désordre général, pour s'enrichir par toutes sortes de crimes. Un de ces brigands fut attaqué de la peste, et reconnu par un des fossoyeurs que la police avait chargés d'enlever les morts. Ces gens-ci allaient, et jetaient les cadavres dans la rue. Le fossoyeur regarde le scélérat, et lui dit : « Ah ! misérable, c'est toi » ; et en même temps, il le saisit par les pieds, et le traîne vers la fenêtre. Le scélérat lui crie : « Je ne suis pas mort. » L'autre lui répond : « Tu es assez mort », et le précipite à l'instant d'un troisième étage. Docteur, sachez que le fossoyeur qui dépêche si lestement ce méchant pestiféré, est moins coupable à mes yeux qu'un habile médecin, comme vous, qui l'aurait guéri ; et partez.

LE DOCTEUR

Cher philosophe, j'admirerai votre esprit et votre chaleur, tant qu'il vous plaira ; mais votre morale ne sera ni la mienne ni celle de l'abbé, je gage.

L'ABBÉ

Vous gagez à coup sûr.

J'allais entreprendre l'abbé ; mais mon père, s'adressant à moi, en souriant, me dit : « Tu plaides contre ta propre cause.

MOI

Comment cela ?

MON PÈRE

Tu veux la mort de ce coquin d'intendant de M. de La Mésangère, n'est-ce pas ? Eh ! laisse donc faire le docteur. Tu dis quelque chose tout bas.

MOI

Je dis que Bissei ne méritera jamais l'inscription que les Romains placèrent au-dessus de la porte du médecin d'Adrien VI, après sa mort : *Au libérateur de la patrie.*

MA SŒUR

Et que, médecin du Mazarin, ce ministre décédé, il n'eût pas fait dire aux charretiers, comme Guénaut : *Camarades, laissons passer monsieur le docteur, c'est lui qui nous a fait la grâce de tuer le cardinal.* »

Mon père sourit, et dit : « Où en étais-je de mon histoire ?

MA SŒUR

Vous en étiez au père Bouin.

MON PÈRE

Je lui expose le fait. Le père Bouin me dit : « Rien n'est plus louable, monsieur, que le sentiment de commisération dont vous êtes touché pour ces malheureux héritiers. Supprimez le testament, secourez-les, j'y consens ; mais c'est à la condition de restituer au légataire la somme précise dont vous l'aurez privé, ni plus, ni moins. » Mais je sens du froid entre les épaules. Le docteur aura laissé la porte ouverte ; sœurette, va la fermer.

MA SŒUR

J'y vais ; mais j'espère que vous ne continuerez pas que je ne sois revenue.

MON PÈRE

Cela va sans dire. »

Ma sœur, qui s'était fait attendre quelque temps, dit en rentrant, avec un peu d'humeur : « C'est ce fou qui a pendu deux écriteaux à sa porte, sur l'un desquels on lit : *Maison à vendre vingt mille francs, ou à louer douze cents francs par an, sans bail ;* et sur l'autre : *Vingt mille francs à prêter pour un an, à six pour cent.*

MOI

Un fou, ma sœur ? Et s'il n'y avait qu'un écriteau où vous en voyez deux, et que l'écriteau du prêt ne fût qu'une traduction de celui de la location ? Mais laissons cela, et revenons au père Bouin.

MON PÈRE

Le père Bouin ajouta : « Et qui est-ce qui vous a autorisé à ôter ou à donner de la sanction aux actes ? Qui est-ce qui vous a autorisé à interpréter les intentions des morts ?

« — Mais, père Bouin, et le coffre ?

« — Qui est-ce qui vous a autorisé à décider si ce testament a été rebuté de réflexion, ou s'il s'est égaré par méprise ? Ne vous est-il jamais arrivé d'en commettre de pareilles, et de retrouver au fond d'un seau un papier précieux que vous y aviez jeté d'inadvertance ?

« — Mais, père Bouin, et la date et l'iniquité de ce papier ?

« — Qui est-ce qui vous a autorisé à prononcer sur la justice ou l'injustice de cet acte, et à regarder le legs universel comme un don illicite, plutôt que comme une restitution ou telle autre œuvre légitime qu'il vous plaira d'imaginer ?

« — Mais, père Bouin, et ces héritiers immédiats et pauvres, et ce collatéral éloigné et riche ?

« — Qui est-ce qui vous a autorisé à peser ce que le défunt devait à ses proches, que vous ne connaissez pas, et à son légataire, que vous ne connaissez pas davantage ?

« — Mais, père Bouin, et ce tas de lettres du légataire, que le défunt ne s'était pas seulement donné la peine d'ouvrir !... »

Une circonstance que j'avais oublié de vous dire, ajouta mon père, c'est que dans l'amas de paperasses, entre lesquelles je trouvai ce fatal testament, il y avait vingt, trente, je ne sais combien de lettres des Frémin, toutes cachetées.

« Il n'y a, dit le père Bouin, ni coffre, ni date, ni lettres, ni père Bouin, ni si, ni mais, qui tienne ; il n'est permis à personne d'enfreindre les lois, d'entrer dans la pensée des morts, et de disposer du bien d'autrui. Si la Providence a résolu de châtier ou l'héritier ou le légataire, ou le défunt, car on ne sait lequel, par la conservation fortuite de ce testament, il faut qu'il reste. »

Après une décision aussi nette, aussi précise de l'homme le plus éclairé de notre clergé, je demeurai stupéfait et tremblant, songeant en moi-même à ce que je devenais, à ce que vous deveniez, mes enfants, s'il me fût arrivé de brûler le testament, comme j'en avais été tenté dix fois ; d'être ensuite tourmenté de scrupules, et d'aller consulter le père Bouin. J'aurais restitué ; oh ! j'aurais restitué ; rien n'est plus sûr, et vous étiez ruinés.

MA SŒUR

Mais, mon père, il fallut, après cela, s'en revenir au presbytère, et annoncer à cette troupe d'indigents qu'il n'y avait rien là qui leur appartînt, et qu'ils pouvaient s'en retourner comme ils étaient venus. Avec l'âme compatissante que vous avez, comment en eûtes-vous le courage ?

MON PÈRE

Ma foi, je n'en sais rien. Dans le premier moment, je pensai à me départir de ma procuration, et à me remplacer par un homme de loi ; mais un homme de loi en eût usé dans toute la rigueur, pris et chassé par les épaules ces pauvres gens dont je pouvais peut-être alléger l'infortune. Je retournai donc le même jour à Thivet. Mon absence subite, et les précautions que j'avais prises en partant, avaient inquiété ; l'air de tristesse avec lequel je reparus, inquiéta bien davantage. Cependant je me contraignis, je dissimulai de mon mieux.

MOI

C'est-à-dire assez mal.

MON PÈRE

Je commençai par mettre à couvert tous les effets précieux. J'assemblai dans la maison un certain nombre d'habitants, qui me prêteraient main-forte, en cas de besoin. J'ouvris la cave et les greniers que j'abandonnai à ces malheureux, les invitant à boire, à manger, et à partager entre eux le vin, le blé et toutes les autres provisions de bouche.

L'ABBÉ

Mais, mon père !...

MON PÈRE

Je le sais, cela ne leur appartenait pas plus que le reste.

MOI

Allons donc, l'abbé, tu nous interromps.

MON PÈRE

Ensuite, pâle comme la mort, tremblant sur mes jambes, ouvrant la bouche, et ne trouvant aucune parole, m'asseyant, me relevant, commençant une phrase, et ne pouvant l'achever, pleurant ; tous ces gens effrayés m'environnant, s'écriant autour de moi : « Eh bien ! mon cher monsieur, qu'est-ce qu'il y a ? — Qu'est-ce qu'il y a ? repris-je... Un testament, un testament qui vous déshérite. » Ce peu de mots me coûta tant à dire, que je me sentis presque défaillir.

MA SŒUR

Je conçois cela.

MON PÈRE

Quelle scène, quelle scène, mes enfants, que celle qui suivit ! Je frémis de la rappeler. Il me semble que j'entends encore les cris de la douleur, de la fureur, de la rage, le hurlement des imprécations... Ici, mon père portait ses mains sur ses yeux, sur ses oreilles... Ces femmes, disait-il, ces femmes, je les vois ; les unes se roulaient à terre, s'arrachaient les cheveux, se déchiraient les joues et les mamelles ; les autres écumaient, tenaient leurs enfants par les pieds, prêtes à leur écacher la tête contre le pavé, si on les eût laissé faire ; les hommes saisissaient, renversaient, cassaient tout ce qui leur tombait sous les mains ; ils menaçaient de mettre le feu à la maison ; d'autres, en rugissant, grattaient la terre avec leurs ongles, comme s'ils y eussent cherché le cadavre du curé pour le déchirer ; et, tout au travers de ce tumulte, c'étaient les cris aigus des enfants qui partageaient, sans savoir pourquoi, le désespoir de leurs parents, qui s'attachaient à leurs vêtements, et qui en étaient inhumainement repoussés. Je ne crois pas avoir jamais autant souffert de ma vie.

Cependant j'avais écrit au légataire de Paris, je l'instruisais de tout et je le pressais de faire diligence, le seul moyen de prévenir quelque accident qu'il ne serait pas en mon pouvoir d'empêcher.

J'avais un peu calmé les malheureux par l'espérance dont je me flattais, en effet, d'obtenir du légataire une renonciation complète à ses droits ou de l'amener à quelque traitement favorable ; et je les avais dispersés dans les chaumières les plus éloignées du village.

Le Frémin de Paris arriva ; je le regardai fixement et je lui trouvai une physionomie dure qui ne promettait rien de bon.

MOI

De grands sourcils noirs et touffus, des yeux couverts et petits, une large bouche, un peu de travers, un teint basané et criblé de petite vérole ?

MON PÈRE

C'est cela. Il n'avait pas mis plus de trente heures à faire ses soixantes lieues. Je commençai par lui montrer les misérables dont j'avais à plaider la cause. Ils étaient tous debout devant lui, en silence ; les femmes pleuraient ; les hommes, appuyés sur leurs bâtons, la tête nue, avaient la main dans leurs bonnets. Le Frémin, assis, les yeux fermés, la tête penchée et le menton appuyé sur sa poitrine, ne les regardait pas. Je parlai en leur faveur de toute ma force ; je ne sais où l'on prend ce qu'on dit en pareil cas. Je lui fis toucher au doigt combien il était incertain que cette succession lui fût légitimement acquise ; je le conjurai par son opulence, par la misère qu'il avait sous les yeux ; je crois même que je me jetai à ses pieds ; je n'en pus tirer une obole. Il me répondit qu'il n'entrait point dans toutes ces considérations ; qu'il y avait un testament ; que l'histoire de ce testament lui était indifférente, et qu'il aimait mieux s'en rapporter à ma conduite qu'à mes discours. D'indignation, je lui jetai les clefs au nez ; il les ramassa, s'empara de tout ; et je m'en revins si troublé, si peiné, si changé, que votre mère, qui vivait encore, crut qu'il m'était arrivé quelque grand malheur... Ah ! mes enfants ! quel homme que ce Frémin ! »

Après ce récit, nous tombâmes dans le silence, chacun rêvant à sa manière sur cette singulière aventure. Il vint quelques visites ; un ecclésiastique, dont je ne me rappelle pas le nom : c'était un gros prieur, qui se connaissait mieux en bon vin qu'en morale, et qui avait plus feuilleté le *Moyen de parvenir* que les *Conférences de Grenoble ;* un homme de justice, notaire et lieutenant de police, appelé Dubois ; et, peu de temps après, un ouvrier qui demandait à parler à mon père. On le fit entrer, et avec lui un ancien ingénieur de la province, qui vivait retiré et qui cultivait les mathématiques, qu'il avait autrefois professées ; c'était un des voisins de l'ouvrier ; l'ouvrier était chapelier.

Le premier mot du chapelier fut de faire entendre à mon père que l'auditoire était un peu nombreux pour ce qu'il avait à lui dire. Tout le monde se leva, et il ne resta que le prieur, l'homme de loi, le géomètre et moi, que le chapelier retint.

« Monsieur Diderot, dit-il à mon père, après avoir regardé autour de l'appartement s'il ne pouvait être entendu, c'est votre probité et vos lumières qui m'amènent chez vous ; et je ne suis pas fâché d'y rencontrer ces autres messieurs dont je ne suis peut-être pas connu, mais que je connais tous. Un prêtre, un homme de loi, un savant, un philosophe et un homme de bien ! Ce serait grand hasard, si je ne trouvais pas dans des personnes d'état si différent, et toutes également justes et éclairées, le conseil dont j'ai besoin. »

Le chapelier ajouta ensuite : « Promettez-moi d'abord de garder le secret sur mon affaire, quel que soit le parti que je juge à propos de suivre. »

On le lui promit, et il continua.

« Je n'ai point d'enfants ; je n'en ai point eu de ma dernière femme, que j'ai perdue il y a environ quinze jours. Depuis ce temps, je ne vis pas ; je ne saurais ni boire, ni manger, ni travailler, ni dormir. Je me lève, je m'habille, je sors et je rôde par la ville dévoré d'un souci profond. J'ai gardé ma femme malade pendant dix-huit ans ; tous les services qui ont dépendu de moi et que sa triste situation exigeait, je les lui ai rendus. Les dépenses que j'ai faites pour elle ont consommé le produit de notre petit revenu et de mon travail, m'ont laissé chargé de dettes ; et je me trouverais, à sa mort, épuisé de fatigues, le temps de mes jeunes années perdu ; je ne serais, en un mot, pas plus avancé que le premier jour de mon établissement, si j'observais les lois et si je laissais aller à des collatéraux éloignés la portion qui leur revient de ce qu'elle m'avait apporté en dot : c'était un trousseau bien conditionné ; car son père et sa mère, qui aimaient beaucoup leur fille, firent pour elle tout ce qu'ils purent, plus qu'ils ne purent ; de belles et bonnes nippes en quantité, qui sont restées toutes neuves ; car la pauvre femme n'a pas eu le temps de s'en servir ; et vingt mille francs en argent, provenus du remboursement d'un contrat constitué sur M. Michelin, lieutenant du procureur général. A peine la défunte a-t-elle eu les yeux fermés, que j'ai soustrait et les nippes et l'argent. Messieurs, vous savez actuellement mon affaire. Ai-je bien fait ? Ai-je mal fait ? Ma conscience n'est pas en repos. Il me semble que j'entends là quelque chose qui me dit : Tu as volé, tu as volé ; rends, rends. Qu'en pensez-vous ? Songez, messieurs, que ma femme m'a emporté, en s'en allant, tout ce que j'ai gagné pendant vingt ans ;

que je ne suis presque plus en état de travailler ; que je suis endetté, et que si je restitue, il ne me reste que l'hôpital : si ce n'est aujourd'hui, ce sera demain. Parlez, messieurs, j'attends votre décision. Faut-il restituer et s'en aller à l'hôpital ?

— A tout seigneur, tout honneur, dit mon père, en s'inclinant vers l'ecclésiastique ; à vous, monsieur le prieur.

— Mon enfant, dit le prieur au chapelier, je n'aime pas les scrupules, cela brouille la tête et ne sert à rien ; peut-être ne fallait-il pas prendre cet argent ; mais, puisque tu l'as pris, mon avis est que tu le gardes.

MON PÈRE

Mais, monsieur le prieur, ce n'est pas là votre dernier mot ?

LE PRIEUR

Ma foi si ; je n'en sais pas plus long.

MON PÈRE

Vous n'avez pas été loin. A vous, monsieur le magistrat.

LE MAGISTRAT

Mon ami, ta position est fâcheuse ; un autre te conseillerait peut être d'assurer le fonds aux collatéraux de ta femme, afin qu'en cas de mort ce fonds ne passât pas aux tiens, et de jouir, ta vie durant, de l'usufruit. Mais il y a des lois ; et ces lois ne t'accordent ni l'usufruit, ni la propriété du capital. Crois-moi, satisfais aux lois et sois honnête homme ; à l'hôpital, s'il le faut.

MOI

Il y a des lois ! Quelles lois ?

MON PÈRE

Et vous, monsieur le mathématicien, comment résolvez-vous ce problème ?

LE GÉOMÈTRE

Mon ami, ne m'as-tu pas dit que tu avais pris environ vingt mille francs ?

LE CHAPELIER

Oui, monsieur.

LE GÉOMÈTRE

Et combien à peu près t'a coûté la maladie de ta femme ?

LE CHAPELIER

A peu près la même somme.

LE GÉOMÈTRE

Eh bien ! qui de vingt mille francs paye vingt mille francs, reste zéro.

MON PÈRE, *à moi.*

Et qu'en dit la philosophie ?

MOI

La philosophie se tait où la loi n'a pas le sens commun... »

Mon père sentit qu'il ne fallait pas me presser ; et portant tout de suite la parole au chapelier : « Maître un tel, lui dit-il, vous nous avez confessé que depuis que vous aviez spolié la succession de votre femme, vous aviez perdu le repos. Et à quoi vous sert donc cet argent, qui vous a ôté le plus grand des biens ? Défaites-vous-en vite ; et buvez, mangez, dormez, travaillez, soyez heureux chez vous, si vous y pouvez tenir, ou ailleurs, si vous ne pouvez pas tenir chez vous. »

Le chapelier répliqua brusquement : « Non, monsieur, je m'en irai à Genève.

« — Et tu crois que tu laisseras le remords ici ?

« — Je ne sais, mais j'irai à Genève.

« — Va où tu voudras, tu y trouveras ta conscience. »

Le chapelier partit ; sa réponse bizarre devint le sujet de l'entretien. On convint que peut-être la distance des lieux et du temps affaiblissait plus ou moins tous les sentiments, toutes les sortes de consciences, même celle du crime. L'assassin, transporté sur le rivage de la Chine, est trop loin pour apercevoir le cadavre qu'il a laissé sanglant sur les bords de la Seine. Le remords naît peut-être moins de l'horreur de soi que de la crainte des autres ; moins de la honte de l'action que du blâme et du châtiment qui la suivraient s'il arrivait qu'on la découvrît. Et quel est le criminel clandestin assez tranquille dans l'obscurité pour ne pas redouter la trahison d'une circonstance imprévue ou l'indiscrétion d'un mot peu réfléchi ? Quelle certitude a-t-il qu'il ne se décèlera point dans le délire de la fièvre ou du rêve ? On l'entendra sur le lieu de la scène, et il est perdu. Ceux qui l'environneront à la Chine ne le comprendront pas. « Mes enfants, les jours du méchant sont remplis d'alarmes. Le repos n'est fait que pour l'homme de bien. C'est lui seul qui vit et meurt tranquille. »

Ce texte épuisé, les visites s'en allèrent ; mon frère et ma sœur rentrèrent ; la conversation interrompue fut reprise, et mon père dit : « Dieu soit loué ! nous voilà ensemble. Je me trouve bien avec les autres, mais mieux avec vous. » Puis s'adressant à moi : « Pourquoi, me demanda-t-il, n'as-tu pas dit ton avis au chapelier ?

— C'est que vous m'en avez empêché.

— Ai-je mal fait ?

— Non, parce qu'il n'y a point de bon conseil pour un sot. Quoi donc, est-ce que cet homme n'est pas le plus proche parent de sa femme ? Est-ce que le bien qu'il a retenu ne lui a pas été donné en dot ? Est-ce qu'il ne lui appartient pas au titre le plus légitime ? Quel est le droit de ces collatéraux ?

MON PÈRE

Tu ne vois que la loi, mais tu n'en vois pas l'esprit.

MOI

Je vois comme vous, mon père, le peu de sûreté des femmes, méprisées, haïes à tort à travers de leurs maris, si la mort saisissait ceux-ci de leurs biens. Mais qu'est-ce que cela me fait à moi, honnête homme, qui ai bien rempli mes devoirs avec la mienne ? Ne suis-je pas assez malheureux de l'avoir perdue ? Faut-il qu'on vienne encore m'enlever sa dépouille ?

MON PÈRE

Mais si tu reconnais la sagesse de la loi, il faut t'y conformer, ce me semble.

MA SŒUR

Sans la loi il n'y a plus de vol.

MOI

Vous vous trompez, ma sœur.

MON FRÈRE

Sans la loi tout est à tous, et il n'y a plus de propriété.

MOI

Vous vous trompez, mon frère.

MON FRÈRE

Et qu'est-ce qui fonde donc la propriété ?

MOI

Primitivement, c'est la prise de possession par le travail. La nature a fait les bonnes lois de toute éternité ; c'est une force légitime qui en assure l'exécution ; et cette force, qui peut tout contre le méchant, ne peut rien contre l'homme de bien. Je suis cet homme de bien ; et dans ces circonstances et beaucoup d'autres que je vous détaillerais, je la cite au tribunal de mon cœur, de ma raison, de ma conscience, au tribunal de l'équité naturelle ; je l'interroge, je m'y soumets ou je l'annule.

MON PÈRE

Prêche ces principes-là sur les toits, je te promets qu'ils feront fortune, et tu verras les belles choses qui en résulteront.

MOI

Je ne les prêcherai pas ; il y a des vérités qui ne sont pas faites pour les fous ; mais je les garderai pour moi.

MON PÈRE

Pour toi qui es un sage ?

MOI

Assurément.

MON PÈRE

D'après cela, je pense bien que tu n'approuveras pas autrement la conduite que j'ai tenue dans l'affaire du curé de Thivet. Mais toi, l'abbé, qu'en penses-tu ?

L'ABBÉ

Je pense, mon père, que vous avez agi prudemment de consulter, et d'en croire le père Bouin ; et que si vous eussiez suivi votre premier mouvement, nous étions en effet ruinés.

MON PÈRE

Et toi, grand philosophe, tu n'es pas de cet avis ?

MOI

Non.

MON PÈRE

Cela est bien court. Va ton chemin.

MOI

Vous me l'ordonnez ?

MON PÈRE

Sans doute.

MOI

Sans ménagement ?

MON PÈRE

Sans doute.

MOI

Non, certes, lui répondis-je avec chaleur, je ne suis pas de cet avis. Je pense, moi, que, si vous avez jamais fait une mauvaise action dans votre vie, c'est celle-là ; et que si vous vous fussiez cru obligé à restitution envers le légataire après avoir déchiré le testament, vous l'êtes bien davantage envers les héritiers pour y avoir manqué.

MON PÈRE

Il faut que je l'avoue, cette action m'est toujours restée sur le cœur ; mais le père Bouin !...

MOI

Votre père Bouin, avec toute sa réputation de science et de sainteté, n'était qu'un mauvais raisonneur, un bigot à tête rétrécie.

MA SŒUR, *à voix basse.*

Est-ce que ton projet est de nous ruiner ?

MON PÈRE

Paix ! paix ! laisse là le père Bouin ; et dis-nous tes raisons, sans injurier personne.

MOI

Mes raisons ? Elles sont simples ; et les voici. Ou le testateur a voulu supprimer l'acte qu'il avait fait dans la dureté de son cœur, comme tout concourait à le démontrer : et vous avez annulé sa résipiscence ; ou il a voulu que cet acte atroce eût son effet : et vous vous êtes associé à son injustice.

MON PÈRE

A son injustice ? C'est bientôt dit.

MOI

Oui, oui, à son injustice ; car tout ce que le père Bouin vous a débité ne sont que de vaines subtilités, de pauvres conjectures, des peut-être sans aucune valeur, sans aucun poids, auprès des circonstances qui ôtaient tout caractère de validité à l'acte injuste que vous avez tiré de la poussière, produit et réhabilité. Un coffre à paperasses ; parmi ces paperasses une vieille paperasse proscrite ; par sa date, par son injustice, par son mélange avec d'autres paperasses, par la mort des exécuteurs, par le mépris des lettres du légataire, par la richesse de ce légataire, et par la pauvreté des véritables héritiers ! Qu'oppose-t-on à cela ? Une restitution présumée ! Vous verrez que ce pauvre diable de prêtre, qui n'avait pas un sou lorsqu'il arriva dans sa cure, et qui avait passé quatre-vingts ans de sa vie à amasser environ cent mille francs en entassant sou sur sou, avait fait autrefois aux Frémin, chez qui il n'avait point demeuré, et qu'il n'avait peut-être jamais connus que de nom, un vol de cent mille francs. Et quand ce prétendu vol eût été réel, le grand malheur que... J'aurais brûlé cet acte d'iniquité. Il fallait le brûler, vous dis-je ; il fallait écouter votre cœur, qui n'a cessé de réclamer depuis, et qui en savait plus que votre imbécile Bouin, dont la décision ne prouve que l'autorité redoutable des opinions religieuses sur les têtes les mieux organisées, et l'influence pernicieuse des lois injustes, des faux principes sur le bon sens et l'équité naturelle. Si vous eussiez été à côté du curé, lorsqu'il écrivit cet inique testament, ne l'eussiez-vous pas mis en pièces ? Le sort le jette entre vos mains, et vous le conservez ?

MON PÈRE

Et si le curé t'avait institué son légataire universel ?....

MOI

L'acte odieux n'en aurait été que plus promptement cassé.

MON PÈRE

Je n'en doute nullement ; mais n'y a-t-il aucune différence entre le donataire d'un autre, et le tien ?...

MOI

Aucune. Ils sont tous les deux justes ou injustes, honnêtes ou malhonnêtes...

MON PÈRE

Lorsque la loi ordonne, après le décès, l'inventaire et la lecture de tous les papiers, sans exception, elle a son motif, sans doute ; et ce motif quel est-il ?

MOI

Si j'étais caustique, je vous répondrais : de dévorer les héritiers, en multipliant ce qu'on appelle des vacations ; mais songez que vous n'étiez point l'homme de la loi ; et qu'affranchi de toute forme juridique, vous n'aviez de fonctions à remplir que celles de la bienfaisance et de l'équité naturelle. »

Ma sœur se taisait ; mais elle me serrait la main en signe d'approbation. L'abbé secouait les oreilles, et mon père disait : « Et puis encore une petite injure au père Bouin. Tu crois du moins que ma religion m'absout ?

MOI

Je le crois ; mais tant pis pour elle.

MON PÈRE

Cet acte, que tu brûles de ton autorité privée, tu crois qu'il aurait été déclaré valide au tribunal de la loi ?

MOI

Cela se peut ; mais tant pis pour la loi.

MON PÈRE

Tu crois qu'elle aurait négligé toutes ces circonstances, que tu fais valoir avec tant de force ?

MOI

Je n'en sais rien ; mais j'en aurais voulu avoir le cœur net. J'y aurais sacrifié une cinquantaine de louis : ç'aurait été une charité bien faite, et j'aurais attaqué le testament au nom de ces pauvres héritiers.

MON PÈRE

Oh ! pour cela, si tu avais été avec moi, et que tu m'en eusses donné le conseil, quoique, dans les commencements d'un établissement, cinquante louis ce soit une somme, il y a tout à parier que je l'aurais suivi.

L'ABBÉ

Pour moi, j'aurais autant aimé donner cet argent aux pauvres héritiers qu'aux gens de justice.

MOI

Et vous croyez, mon frère, qu'on aurait perdu ce procès ?

MON FRÈRE

Je n'en doute pas. Les juges s'en tiennent strictement à la loi, comme mon père et le père Bouin ; et font bien. Les juges ferment, en pareils cas, les yeux sur les circonstances, comme mon père et le père Bouin, par l'effroi des inconvénients qui s'ensuivraient ; et font bien. Ils sacrifient quelquefois contre le témoignage même de leur conscience, comme mon père et le père Bouin, l'intérêt du malheureux et de l'innocent qu'ils ne pourraient sauver sans lâcher la bride à une infinité de fripons ; et font bien. Ils redoutent, comme mon père et le père Bouin, de prononcer un arrêt équitable dans un cas déterminé, mais funeste dans mille autres par la multitude de désordres auxquels il ouvrirait la porte ; et font bien. Et dans le cas du testament dont il s'agit...

MON PÈRE

Tes raisons, comme particulières, étaient peut-être bonnes ; mais comme publiques, elles seraient mauvaises. Il y a tel avocat peu scrupuleux, qui m'aurait dit tête à tête : Brûlez ce testament, ce qu'il n'aurait osé écrire dans sa consultation.

MOI

J'entends ; c'était une affaire à n'être pas portée devant les juges. Aussi, parbleu ! n'y aurait-elle pas été portée, si j'avais été à votre place.

MON PÈRE

Tu aurais préféré ta raison à la raison publique ; la décision de l'homme à celle de l'homme de loi.

MOI

Assurément. Est-ce que l'homme n'est pas antérieur à l'homme de loi ? Est-ce que la raison de l'espèce humaine n'est pas tout autrement sacrée que la raison d'un législateur ? Nous nous appelons civilisés, et nous sommes pires que des sauvages. Il semble qu'il nous faille encore tournoyer pendant des siècles, d'extravagances en extravagances et d'erreurs en erreurs, pour arriver où la première étincelle de jugement, l'instinct seul, nous eût menés tout droit. Aussi nous nous sommes si bien fourvoyés...

MON PÈRE

Mon fils, mon fils, c'est un bon oreiller, que celui de la raison ; mais je trouve que ma tête repose plus doucement encore sur celui de la religion et des lois : et point de réplique là-dessus ; car je n'ai pas besoin d'insomnie. Mais il me semble que tu prends de l'humeur. Dis-moi donc, si j'avais brûlé le testament, est-ce que tu m'aurais empêché de restituer ?

MOI

Non, mon père ; votre repos m'est un peu plus cher que tous les biens du monde.

MON PÈRE

Ta réponse me plaît et pour cause.

MOI

Et cette cause, vous allez nous la dire ?

MON PÈRE

Volontiers. Le chanoine Vigneron, ton oncle, était un homme dur, mal avec ses confrères dont il faisait la satire continuelle par sa conduite et par ses discours. Tu étais destiné à lui succéder ; mais, au moment de sa mort, on pensa dans la famille qu'il valait mieux envoyer en cour de Rome, que de faire, entre les mains du chapitre, une résignation qui ne serait point agréée. Le courrier part. Ton oncle meurt une heure ou deux avant l'arrivée présumée du courrier, et voilà le canonicat et dix-huit cents francs perdus. Ta mère, tes tantes, nos parents, nos amis étaient tous d'avis de celer la mort du chanoine. Je rejetai ce conseil ; et je fis sonner les cloches sur-le-champ.

MOI

Et vous fites bien.

MON PÈRE

Si j'avais écouté les bonnes femmes, et que j'en eusse eu du remords, je vois que tu n'aurais pas balancé à me sacrifier ton aumusse.

MOI

Sans cela. J'aurais mieux aimé être un bon philosophe, ou rien, que d'être un mauvais chanoine. »

Le gros prieur rentra, et dit sur mes derniers mots qu'il avait entendus : « Un mauvais chanoine ! Je voudrais bien savoir comment on est un bon ou un mauvais prieur, un bon ou un mauvais chanoine ; ce sont des états si indifférents. » Mon père haussa les épaules, et se retira pour quelques devoirs pieux qui lui restaient à remplir. Le prieur dit : « J'ai un peu scandalisé le papa.

MON FRÈRE

Cela se pourrait. »

Puis, tirant un livre de sa poche : « Il faut, ajouta-t-il, que je vous lise quelques pages d'une description de la Sicile par le père Labat.

MOI

Je les connais. C'est l'histoire du *calzolaio* de Messine.

MON FRÈRE

Précisément.

LE PRIEUR

Et ce *calzolaio,* que faisait-il ?

MON FRÈRE

L'historien raconte que, né vertueux, ami de l'ordre et de la justice, il avait beaucoup à souffrir dans un pays où les lois n'étaient pas seulement sans vigueur, mais sans exercice. Chaque jour était marqué par quelque crime. Des assassins connus marchaient tête levée, et bravaient l'indignation publique. Des parents se désolaient sur leurs filles séduites et jetées du déshonneur dans la misère, par la cruauté des ravisseurs. Le monopole enlevait à l'homme laborieux sa subsistance et celle de ses enfants ; des concussions de toute espèce arrachaient des larmes amères aux citoyens opprimés. Les coupables échappaient au châtiment, ou par leur crédit, ou par leur argent, ou par le subterfuge des formes. Le *calzolaio* voyait tout cela ; il en avait le cœur percé ; et il rêvait sans cesse sur sa selle aux moyens d'arrêter ces désordres.

LE PRIEUR

Que pouvait un pauvre diable comme lui ?

MON FRÈRE

Vous allez le savoir. Un jour, il établit une cour de justice dans sa boutique.

LE PRIEUR

Comment cela ?

MOI

Le prieur voudrait qu'on lui expédiât un récit, comme il expédie ses matines.

LE PRIEUR

Pourquoi non ? L'art oratoire veut que le récit soit bref, et l'Evangile que la prière soit courte.

MON FRÈRE

Au bruit de quelque délit atroce, il en informait ; il en poursuivait chez lui une instruction rigoureuse et secrète. Sa double fonction de rapporteur et de juge remplie, le procès criminel parachevé, et la sentence prononcée, il sortait avec une arquebuse sous son manteau ; et, le jour, s'il rencontrait les malfaiteurs dans quelques lieux écartés, ou la nuit, dans leurs tournées, il vous leur déchargeait équitablement cinq ou six balles à travers le corps.

LE PRIEUR

Je crains bien que ce brave homme-là n'ait été rompu vif. J'en suis fâché.

MON FRÈRE

Après l'exécution, il laissait le cadavre sur la place sans en approcher, et regagnait sa demeure, content comme quelqu'un qui aurait tué un chien enragé.

LE PRIEUR

Et tua-t-il beaucoup de ces chiens-là ?

MON FRÈRE

On en comptait plus de cinquante, et tous de haute condition ; lorsque le vice-roi proposa deux mille écus de récompense au délateur ; et jura, en face des autels, de pardonner au coupable s'il se déférait lui-même.

LE PRIEUR

Quelque sot !

MON FRÈRE

Dans la crainte que le soupçon et le châtiment ne tombassent sur un innocent...

LE PRIEUR

Il se présenta au vice-roi !

MON FRÈRE

Il lui tint ce discours : « J'ai fait votre devoir. C'est moi qui ai condamné et mis à mort les scélérats que vous deviez punir. Voilà les procès-verbaux qui constatent leurs forfaits. Vous y verrez la marche de la procédure judiciaire que j'ai suivie. J'ai été tenté de commencer par vous ; mais j'ai respecté dans votre personne le maître auguste que vous représentez. Ma vie est entre vos mains, et vous en pouvez disposer. »

LE PRIEUR

Ce qui fut fait.

MON FRÈRE

Je l'ignore ; mais je sais qu'avec tout ce beau zèle pour la justice, cet homme n'était qu'un meurtrier.

LE PRIEUR

Un meurtrier ! le mot est dur : quel autre nom pourrait-on lui donner, s'il avait assassiné des gens de bien ?

MOI

Le beau délire !

MA SŒUR

Il serait à souhaiter...

MON FRÈRE, *à moi.*

Vous êtes le souverain : cette affaire est soumise à votre décision ; quelle sera-t-elle ?

MOI

L'abbé, vous me tendez un piège ; et je veux bien y donner. Je condamnerai le vice-roi à prendre la place du savetier, et le savetier à prendre la place du vice-roi.

MA SŒUR

Fort bien, mon frère. »

Mon père reparut avec ce visage serein qu'il avait toujours après la prière. On lui raconta le fait, et il confirma la sentence de l'abbé. Ma sœur ajouta : « Et voilà Messine privée, sinon du seul homme juste, du moins du seul brave citoyen qu'il y eût. Cela m'afflige. »

On servit ; on disputa encore un peu contre moi ; on plaisanta beaucoup le prieur sur sa décision du chapelier, et le peu de cas qu'il faisait des prieurs et des chanoines. On lui proposa le cas du testament ; au lieu de le résoudre, il nous raconta un fait qui lui était personnel.

LE PRIEUR

Vous vous rappelez l'énorme faillite du changeur Bourmont.

MON PÈRE

Si je me rappelle ! j'y étais pour quelque chose.

LE PRIEUR

Tant mieux !

MON PÈRE

Pourquoi tant mieux ?

LE PRIEUR

C'est que, si j'ai mal fait, ma conscience en sera soulagée d'autant. Je fus nommé syndic des créanciers. Il y avait parmi les effets actifs de Bourmont un billet de cent écus sur un pauvre marchand grainetier son voisin. Ce billet, partagé au prorata de la multitude des créanciers, n'allait pas à douze sous pour chacun d'eux ; et exigé du grainetier, c'était sa ruine. Je supposai...

MON PÈRE

Que chaque créancier n'aurait pas refusé douze sous à ce malheureux ; vous déchirâtes le billet, et vous fîtes l'aumône de ma bourse.

LE PRIEUR

Il est vrai ; en êtes-vous fâché ?

MON PÈRE

Non.

LE PRIEUR

Ayez la bonté de croire que les autres n'en seraient pas plus fâchés que vous ; et tout sera dit.

MON PÈRE

Mais, monsieur le prieur, si vous lacérez de votre autorité privée un billet, pourquoi n'en lacérerezvous pas deux, trois, quatre ; tout autant qu'il se trouvera d'indigents à secourir aux dépens d'autrui ? Ce principe de commisération peut nous mener loin, monsieur le prieur : la justice, la justice...

LE PRIEUR

On l'a dit, est souvent une grande injustice.

Une jeune femme, qui occupait le premier, descendit ; c'était la gaieté et la folie en personne. Mon père lui demanda des nouvelles de son mari : ce mari était un libertin qui avait donné à sa femme l'exemple des mauvaises mœurs, qu'elle avait, je crois, un peu suivi ; et qui, pour échapper à la poursuite de ses créanciers, s'en était allé à la Martinique. Mme d'Isigny, c'était le nom de notre locataire, répondit à mon père : « M. d'Isigny ? Dieu merci ! je n'en ai plus entendu parler ; il est peut-être noyé.

LE PRIEUR

Noyé ! je vous en félicite.

MADAME D'ISIGNY

Qu'est-ce que cela vous fait, monsieur l'abbé ?

LE PRIEUR

Rien, mais à vous ?

MADAME D'ISIGNY

Et qu'est-ce que cela me fait à moi ?

LE PRIEUR

Mais, on dit...

MADAME D'ISIGNY

Et qu'est-ce qu'on dit ?

LE PRIEUR

Puisque vous le voulez savoir, on dit qu'il avait surpris quelques-unes de vos lettres.

MADAME D'ISIGNY

Et n'avais-je pas un beau recueil des siennes ?... »

Et puis voilà une querelle tout à fait comique entre le prieur et Mme d'Isigny sur les privilèges des deux sexes. Mme d'Isigny m'appela à son secours ; et j'allais prouver au prieur que le premier des deux époux qui manquait au pacte rendait à l'autre sa liberté ; mais mon père demanda son bonnet de nuit, rompit la conversation, et nous envoya coucher. Lorsque ce fut à mon tour de lui souhaiter la bonne nuit, en l'embrassant, je lui dis à l'oreille : « Mon père, c'est qu'à la rigueur il n'y a point de lois pour le sage...

— Parlez plus bas...

— Toutes étant sujettes à des exceptions, c'est à lui qu'il appartient de juger des cas où il faut s'y soumettre ou s'en affranchir.

— Je ne serais pas trop fâché, me répondit-il, qu'il y eût dans la ville un ou deux citoyens comme toi ; mais je n'y habiterais pas, s'ils pensaient tous de même. »

CECI N'EST PAS UN CONTE

Lorsqu'on fait un conte, c'est à quelqu'un qui l'écoute ; et pour peu que le conte dure, il est rare que le conteur ne soit pas interrompu quelquefois par son auditeur. Voilà pourquoi j'ai introduit dans le récit qu'on va lire, et qui n'est pas un conte, ou qui est un mauvais conte, si vous vous en doutez, un personnage qui fasse à peu près le rôle du lecteur ; et je commence.

— Et vous concluez de là ?

— Qu'un sujet aussi intéressant devait mettre nos têtes en l'air ; défrayer pendant un mois tous les cercles de la ville ; y être tourné et retourné jusqu'à l'insipidité ; fournir à mille disputes, à vingt brochures au moins, et à quelques centaines de pièces de vers pour ou contre ; et qu'en dépit de toute la finesse, de toutes les connaissances, de tout l'esprit de l'auteur, puisque son ouvrage n'a excité aucune fermentation violente, il est médiocre, et très médiocre.

— Mais il me semble que nous lui devons pourtant une soirée assez agréable, et que cette lecture a amené...

— Quoi ? une litanie d'historiettes usées qu'on se décochait de part et d'autre, et qui ne disaient qu'une chose connue de toute éternité, c'est que l'homme et la femme sont deux bêtes très malfaisantes.

— Cependant l'épidémie vous a gagné, et vous avez payé votre écot tout comme un autre.

— C'est que bon gré, mal gré qu'on en ait, on se prête au ton donné ; qu'en entrant dans une société, d'usage, on arrange à la porte d'un appartement jusqu'à sa physionomie sur celles qu'on voit ; qu'on contrefait le plaisant, quand on est triste ; le triste, quand on serait tenté d'être plaisant ; qu'on ne veut être étranger à quoi que ce soit ; que le littérateur politique ; que le politique métaphysique ; que le métaphysicien moralise ; que le moraliste parle finance ; le financier, belles-lettres ou géométrie ; que, plutôt que d'écouter ou se taire, chacun bavarde de ce qu'il ignore, et que tous s'ennuient par sotte vanité ou par politesse.

— Vous avez de l'humeur.

— A mon ordinaire.

— Et je crois qu'il est à propos que je réserve mon historiette pour un moment plus favorable.

— C'est-à-dire que vous attendrez que je n'y sois pas.

— Ce n'est pas cela.

— Ou que vous craignez que je n'aie moins d'indulgence pour vous, tête à tête, que je n'en aurais pour un indifférent en société.

— Ce n'est pas cela.

— Ayez donc pour agréable de me dire ce que c'est.

— C'est que mon historiette ne prouve pas plus que celles qui vous ont excédé.

— Hé ! dites toujours.

— Non, non ; vous en avez assez.

— Savez-vous que de toutes les manières qu'ils ont de me faire enrager, la vôtre m'est la plus antipathique ?

— Et quelle est la mienne ?

— Celle d'être prié de la chose que vous mourez d'envie de faire. Hé bien, mon ami, je vous prie, je vous supplie de vouloir bien vous satisfaire.

— Me satisfaire !

— Commencez, pour Dieu, commencez.

— Je tâcherai d'être court.

— Cela n'en sera pas plus mal.

Ici, un peu par malice, je toussai, je crachai, je développai lentement mon mouchoir, je me mouchai, j'ouvris ma tabatière, je pris une prise de tabac ; et j'entendais mon homme qui disait entre ses dents : « Si l'histoire est courte, les préliminaires sont longs... » Il me prit envie d'appeler un domestique, sous prétexte de quelque commission ; mais je n'en fis rien, et je dis :

« Il faut avouer qu'il y a des hommes bien bons, et des femmes bien méchantes.

— C'est ce qu'on voit tous les jours, et quelquefois sans sortir de chez soi. Après ?

— Après ? J'ai connu une Alsacienne belle, mais belle à faire accourir les vieillards, et à arrêter tout court les jeunes gens.

— Et moi aussi, je l'ai connue ; elle s'appelait Mme Reymer.

— Il est vrai. Un nouveau débarqué de Nancy, appelé Tanié, en devint éperdument amoureux. Il était pauvre ; c'était un de ces enfants perdus, que la dureté des parents, qui ont une famille nombreuse, chasse de la maison, et qui se jettent dans le monde sans savoir ce qu'ils deviendront, par un instinct qui leur dit qu'ils n'y auront pas un sort pire que celui qu'ils fuient. Tanié, amoureux de Mme Reymer, exalté par une passion qui soutenait son courage et ennoblissait à ses yeux toutes ses actions, se soumettait sans répugnance aux plus pénibles et aux plus viles, pour soulager la misère de son amie. Le jour, il allait travailler sur les ports ; à la chute du jour, il mendiait dans les rues.

— Cela était fort beau ; mais cela ne pouvait durer.

— Aussi Tanié, las de lutter contre le besoin, ou plutôt de retenir dans l'indigence une femme charmante, obsédée d'hommes opulents qui la pressaient de chasser ce gueux de Tanié...

— Ce qu'elle aurait fait quinze jours, un mois plus tard.

— Et d'accepter leurs richesses, résolut de la quitter, et d'aller tenter la fortune au loin. Il sollicite, il obtient son passage sur un vaisseau du roi. Le moment de son départ est venu. Il va prendre congé de Mme Reymer. « Mon amie, lui dit-il, je ne saurais abuser plus longtemps de votre tendresse. J'ai pris mon parti, je m'en vais. — Vous vous en allez ! — Oui... — Et où allez-vous ?... — Aux îles. Vous êtes digne d'un autre sort, et je ne saurais l'éloigner plus longtemps... »

— Le bon Tanié !...

« — Et que voulez-vous que je devienne ?... »

— La traîtresse !...

« — Vous êtes environnée de gens qui cherchent à vous plaire. Je vous rends vos promesses ; je vous rends vos serments. Voyez celui d'entre ces prétendants qui vous est le plus agréable ; acceptez-le, c'est moi qui vous en conjure... — Ah ! Tanié, c'est vous qui me proposez... »

— Je vous dispense de la pantomime de Mme Reymer. Je la vois, je la sais...

« — En m'éloignant, la seule grâce que j'exige de vous, c'est de ne former aucun engagement qui nous sépare à jamais. Jurez-le-moi, ma belle amie. Quelle que soit la contrée de la terre que j'habiterai, il faudra que j'y sois bien malheureux s'il se passe une année sans vous donner des preuves certaines de mon tendre attachement. Ne pleurez pas... »

— Elles pleurent toutes quand elles veulent.

— « ... Et ne combattez pas un projet que les reproches de mon cœur m'ont enfin inspiré, et auxquels ils ne tarderont pas à me ramener. » Et voilà Tanié parti pour Saint-Domingue.

— Et parti tout à temps pour Mme Reymer et pour lui.

— Qu'en savez-vous ?

— Je sais, tout aussi bien qu'on le peut savoir, que quand Tanié lui conseilla de faire un choix, il était fait.

— Bon !

— Continuez votre récit.

— Tanié avait de l'esprit et une grande aptitude aux affaires. Il ne tarda pas d'être connu. Il entra au conseil souverain du Cap. Il s'y distingua par ses lumières et par son équité. Il n'ambitionnait pas une grande fortune ; il ne la désirait qu'honnête et rapide. Chaque année, il en envoyait une portion à Mme Reymer. Il revint au bout... de neuf à dix ans ; non, je ne crois pas que son absence ait été plus longue... présenter à son amie un petit portefeuille qui renfermait le produit de ses vertus et de ses travaux... et heureusement pour Tanié, ce fut au moment où elle venait de se séparer du dernier des successeurs de Tanié.

— Du dernier ?

— Oui.

— Il en avait donc eu plusieurs ?

— Assurément.

— Allez, allez.

— Mais je n'ai peut-être rien à vous dire que vous ne sachiez mieux que moi.

— Qu'importe, allez toujours.

— Mme Reymer et Tanié occupaient un assez beau logement rue Sainte-Marguerite, à ma porte. Je faisais grand cas de Tanié, et je fréquentais sa maison, qui était, sinon opulente, du moins fort aisée.

— Je puis vous assurer, moi, sans avoir compté avec la Reymer, qu'elle avait mieux de quinze mille livres de rente avant le retour de Tanié.

— A qui elle dissimulait sa fortune ?

— Oui.

— Et pourquoi ?

— C'est qu'elle était avare et rapace.

— Passe pour rapace ; mais avare ! une courtisane avare !... Il y avait cinq à six ans que ces deux amants vivaient dans la meilleure intelligence.

— Grâce à l'extrême finesse de l'une et à la confiance sans bornes de l'autre.

— Oh ! il est vrai qu'il était impossible à l'ombre d'un soupçon d'entrer dans une âme aussi pure que celle de Tanié. La seule chose dont je me sois quelquefois aperçu, c'est que Mme Reymer avait bientôt oublié sa première indigence ; qu'elle était tourmentée de l'amour du faste et de la richesse ; qu'elle était humiliée qu'une aussi belle femme allât à pied.

— Que n'allait-elle en carrosse ?

— Et que l'éclat du vice lui en dérobait la bassesse. Vous riez ?... Ce fut alors que M. de Maurepas forma le projet d'établir au Nord une maison de commerce. Le succès de cette entreprise demandait un homme actif et intelligent. Il jeta les yeux sur Tanié, à qui il avait confié la conduite de plusieurs affaires importantes pendant son séjour au Cap, et qui s'en était toujours acquitté à la satisfaction du ministre. Tanié fut désolé de cette marque de distinction. Il était si content, si heureux à côté de sa belle amie ! Il aimait ; il était ou il se croyait aimé.

— C'est bien dit.

— Qu'est-ce que l'or pouvait ajouter à son bonheur ? Rien. Cependant le ministre insistait. Il fallait se déterminer, il fallait s'ouvrir à Mme Reymer. J'arrivai chez lui précisément sur la fin de cette scène fâcheuse. Le pauvre Tanié fondait en larmes. « Qu'avez-vous donc, lui dis-je, mon ami ? » Il me dit en sanglotant : « C'est cette femme ! » Mme Reymer travaillait tranquillement à un métier de tapisserie. Tanié se leva brusquement et sortit. Je restai seul avec son amie, qui ne me laissa pas ignorer ce qu'elle qualifiait de la déraison de Tanié. Elle m'exagéra la modicité de son état ; elle mit à son plaidoyer tout l'art dont un esprit délié sait pallier les sophismes de l'ambition. « De quoi s'agit-il ? D'une absence de deux ou trois ans au plus. — C'est bien du temps pour un homme que vous aimez et qui vous aime autant que lui. — Lui, il m'aime ? S'il m'aimait, balancerait-il à me satisfaire ? — Mais, madame, que ne le suivez-vous ? — Moi ! je ne vais point là ; et tout extravagant qu'il est, il ne s'est point avisé de me le proposer. Doute-t-il de moi ? — Je n'en crois rien. — Après l'avoir attendu pendant douze ans, il peut bien s'en reposer deux ou trois sur ma bonne foi. Monsieur, c'est que c'est une de ces occasions singulières qui ne se présentent qu'une fois dans la vie ; et je ne veux pas qu'il ait un jour à se repentir et à me reprocher peut-être de l'avoir manquée. — Tanié ne regrettera rien, tant qu'il aura le bonheur de vous plaire. — Cela est fort honnête ; mais soyez sûr qu'il sera très content d'être riche quand je serai vieille. Le travers des femmes est de ne jamais penser à l'avenir ; ce n'est pas le mien... » Le ministre était à Paris. De la rue Sainte-Marguerite à son hôtel, il n'y avait qu'un pas. Tanié y était allé, et s'était engagé. Il rentra l'œil sec, mais l'âme serrée. « Madame, lui dit-il, j'ai vu M. de Maurepas ; il a ma parole. Je m'en irai, je m'en irai ; et vous serez satisfaite. — Ah ! mon ami !... » Mme Reymer écarte son métier, s'élance vers Tanié, jette ses bras autour de son cou, l'accable de caresses et de propos doux. « Ah ! c'est pour cette fois que je vois que je vous suis chère. » Tanié lui répondait froidement : « Vous voulez être riche. »

— Elle l'était, la coquine, dix fois plus qu'elle ne méritait...

« — Et vous le serez. Puisque c'est l'or que vous aimez, il faut aller vous chercher de l'or. » C'était le mardi ; et le ministre avait fixé son départ au vendredi, sans délai. J'allai lui faire mes adieux au moment où il luttait avec lui-même, où il tâchait de s'arracher des bras de la belle, indigne et cruelle Reymer. C'était un désordre d'idées, un désespoir, une agonie, dont je n'ai jamais vu un second exemple. Ce n'était pas de la plainte ; c'était un long cri. Mme Reymer était encore au lit. Il tenait une de ses mains. Il ne cessait de dire et de répéter : « Cruelle femme ! femme cruelle ! que te faut-il de plus que l'aisance dont tu jouis, et un ami, un amant tel que moi ? J'ai été lui chercher la fortune dans les contrées brûlantes de l'Amérique ; elle veut que j'aille la lui chercher encore au milieu des glaces du Nord. Mon ami, je sens que cette femme est folle ; je sens que je suis un insensé ; mais il m'est moins affreux de mourir que de la contrister. Tu veux que je te quitte ; je vais te quitter. » Il était à genoux au bord de son lit, la bouche collée sur sa main et le visage caché dans les couvertures, qui, en étouffant son murmure, ne le rendaient que plus triste et plus effrayant. La porte de la chambre s'ouvrit ; il releva brusquement la tête ; il vit le postillon qui venait lui annoncer que les chevaux étaient à la chaise. Il fit un cri, et recacha son visage sur les couvertures. Après un moment de silence, il se leva ; il dit à son amie : « Embrassez-moi, madame ; embrasse-moi encore une fois, car tu ne me verras plus. » Son pressentiment n'était que trop vrai. Il partit. Il arriva à Pétersbourg, et, trois jours après, il fut attaqué d'une fièvre dont il mourut le quatrième.

— Je savais tout cela.

— Vous avez peut-être été un des successeurs de Tanié ?

— Vous l'avez dit ; et c'est avec cette belle abominable que j'ai dérangé mes affaires.

— Ce pauvre Tanié !

— Il y a des gens dans le monde qui vous diront que c'est un sot.

— Je ne le défendrai pas ; mais je souhaiterai au fond de mon cœur que leur mauvais destin les adresse à une femme aussi belle et aussi artificieuse que Mme Reymer.

— Vous êtes cruel dans vos vengeances.

— Et puis, s'il y a des femmes méchantes et des hommes très bons, il y a aussi des femmes très bonnes et des hommes très méchants ; et ce que je vais ajouter n'est pas plus un conte que ce qui précède.

— J'en suis convaincu.

— M. d'Hérouville...

— Celui qui vit encore ? le lieutenant général des armées du roi ? celui qui épousa cette charmante créature appelée Lolotte ?

— Lui-même.

— C'est un galant homme, ami des sciences.

— Et des savants. Il s'est longtemps occupé d'une histoire générale de la guerre dans tous les siècles et chez toutes les nations.

— Le projet est vaste.

— Pour le remplir, il avait appelé autour de lui quelques jeunes gens d'un mérite distingué, tels que M. de Montucla, l'auteur de l'*Histoire des mathématiques*.

— Diable ! en avait-il beaucoup de cette force-là ?

— Mais celui qui se nommait Gardeil, le héros de l'aventure que je vais vous raconter, ne lui cédait guère dans sa partie. Une fureur commune pour l'étude de la langue grecque commença, entre Gardeil et moi, une liaison que le temps, la réciprocité des conseils, le goût de la retraite, et surtout la facilité de se voir, conduisirent à une assez grande intimité.

— Vous demeuriez alors à l'Estrapade.

— Lui, rue Sainte-Hyacinthe, et son amie, Mlle de La Chaux, place Saint-Michel. Je la nomme de son propre nom, parce que la pauvre malheureuse n'est plus, parce que sa vie ne peut que l'honorer dans tous les esprits bien faits et lui mériter l'admiration, les regrets et les larmes de ceux que la nature aura favorisés ou punis d'une petite portion de la sensibilité de son âme.

— Mais votre voix s'entrecoupe, et je crois que vous pleurez.

— Il me semble encore que je vois ses grands yeux noirs, brillants et doux, et que le son de sa voix touchante retentisse dans mon oreille et trouble mon cœur. Créature charmante ! créature unique !

tu n'es plus ! Il y a près de vingt ans que tu n'es plus ; et mon cœur se serre encore à ton souvenir.

— Vous l'avez aimée ?

— Non. O La Chaux ! ô Gardeil ! Vous fûtes l'un et l'autre deux prodiges ; vous, de la tendresse de la femme ; vous, de l'ingratitude de l'homme. Mlle de La Chaux était d'une famille honnête. Elle quitta ses parents pour se jeter entre les bras de Gardeil. Gardeil n'avait rien, Mlle de La Chaux jouissait de quelque bien ; et ce bien fut entièrement sacrifié aux besoins et aux fantaisies de Gardeil. Elle ne regretta ni sa fortune dissipée, ni son honneur flétri. Son amant lui tenait lieu de tout.

— Ce Gardeil était donc bien séduisant, bien aimable ?

— Point du tout. Un petit homme bourru, taciturne et caustique ; le visage sec, le teint basané ; en tout, une figure mince et chétive ; laid, si un homme peut l'être avec la physionomie de l'esprit.

— Et voilà ce qui avait renversé la tête à une fille charmante ?

— Et cela vous surprend ?

— Toujours.

— Vous ?

— Moi.

— Mais vous ne vous rappelez donc plus votre aventure avec la Deschamps et le profond désespoir où vous tombâtes lorsque cette créature vous ferma sa porte ?

— Laissons cela ; continuez.

— Je vous disais : « Elle est donc bien belle ? » Et vous me répondiez tristement : « Non. — Elle a donc bien de l'esprit ? — C'est une sotte. — Ce sont donc ses talents qui vous entraînent ? — Elle n'en a qu'un. — Et ce rare, ce sublime, ce merveilleux talent ? — C'est de me rendre plus heureux entre ses bras que je ne le fus jamais entre les bras d'aucune autre femme. » Mais Mlle de La Chaux, l'honnête, la sensible Mlle de La Chaux se promettait secrètement, d'instinct, à son insu, le bonheur que vous connaissiez, et qui vous faisait dire de la Deschamps : « Si cette malheureuse, si cette infâme s'obstine à me chasser de chez elle, je prends un pistolet, et je me brise la cervelle dans son antichambre. » L'avez-vous dit, ou non ?

— Je l'ai dit ; et même à présent, je ne sais pourquoi je ne l'ai pas fait.

— Convenez donc.

— Je conviens de tout ce qu'il vous plaira.

— Mon ami, le plus sage d'entre nous est bien heureux de n'avoir pas rencontré la femme belle ou laide, spirituelle ou sotte, qui l'aurait rendu fou à enfermer aux Petites-Maisons. Plaignons beaucoup les hommes, blâmons-les sobrement ; regardons nos années passées comme autant de moments dérobés à la méchanceté qui nous suit ; et ne pensons jamais qu'en tremblant à la violence de certains attraits de nature, surtout pour les âmes chaudes et les imaginations ardentes. L'étincelle qui tombe fortuitement sur un baril de poudre ne produit pas un effet plus terrible. Le doigt prêt à secouer sur vous ou sur moi cette fatale étincelle est peut-être levé.

M. d'Hérouville, jaloux d'accélérer son ouvrage, excédait de fatigue ses coopérateurs. La santé de Gardeil en fut altérée. Pour alléger sa tâche, Mlle de La Chaux apprit l'hébreu ; et tandis que son ami reposait, elle passait une partie de la nuit à interpréter et transcrire des lambeaux d'auteurs hébreux. Le temps de dépouiller les auteurs grecs arriva ; Mlle de La Chaux se hâta de se perfectionner dans cette langue dont elle avait déjà quelque teinture : et tandis que Gardeil dormait, elle était occupée à traduire et à copier des passages de Xénophon et de Thucydide. A la connaissance du grec et de l'hébreu, elle joignit celle de l'italien et de l'anglais. Elle posséda l'anglais au point de rendre en français les premiers essais de la métaphysique de Hume ; ouvrage où la difficulté de la matière ajoutait infiniment à celle de l'idiome. Lorsque l'étude avait épuisé ses forces, elle s'amusait à graver de la musique. Lorsqu'elle craignait que l'ennui ne s'emparât de son amant, elle chantait. Je n'exagère rien, j'en atteste M. Le Camus, docteur en médecine, qui l'a consolée dans ses peines et secourue dans son indigence ; qui lui a rendu les services les plus continus ; qui l'a suivie dans un grenier où sa pauvreté l'avait reléguée, et qui lui a fermé les yeux quand elle est morte. Mais j'oublie un de ses premiers malheurs ; c'est la persécution qu'elle eut à souffrir d'une famille indignée d'un attachement public et scandaleux. On employa et la vérité et le mensonge, pour disposer de sa liberté d'une manière infamante. Ses parents et les prêtres la poursuivirent de quartier en quartier, de maison en maison, et la réduisirent plusieurs années à vivre seule et cachée. Elle passait les journées à travailler pour Gardeil. Nous lui apparaissions la nuit ; et à la présence de son amant, tout son chagrin, toute son inquiétude était évanouie.

— Quoi ! jeune, pusillanime, sensible au milieu de tant de traverses...

— Elle était heureuse.

— Heureuse !

— Oui, elle ne cessa de l'être que quand Gardeil fut ingrat.

— Mais il est impossible que l'ingratitude ait été la récompense de tant de qualités rares, tant de marques de tendresse, tant de sacrifices de toute espèce.

— Vous vous trompez, Gardeil fut ingrat. Un jour, Mlle de La Chaux se trouva seule dans ce monde, sans honneur, sans fortune, sans appui. Je vous en impose, je lui restai pendant quelque temps. Le docteur Le Camus lui resta toujours.

— O les hommes, les hommes !

— De qui parlez-vous ?

— De Gardeil.

— Vous regardez le méchant, et vous ne voyez pas tout à côté l'homme de bien. Ce jour de douleur et de désespoir, elle accourut chez moi. C'était le matin. Elle était pâle comme la mort. Elle ne savait son sort que de la veille, et elle offrait l'image de longues souffrances. Elle ne pleurait pas ; mais on voyait qu'elle avait beaucoup pleuré. Elle se jeta dans un fauteuil ; elle ne parlait pas ; elle ne pouvait parler ; elle me tendait les bras, et en même temps elle poussait des cris. « Qu'est-ce qu'il y a, lui dis-je ? Est-ce qu'il est mort ?... — C'est pis : il ne m'aime plus ; il m'abandonne... »

— Allez donc.

— Je ne saurais ; je la vois, je l'entends ; et mes yeux se remplissent de pleurs. « Il ne vous aime plus ?... — Non. — Il vous abandonne ! — Eh ! oui. Après tout ce que j'ai fait !... Monsieur, ma tête s'embarrasse ; ayez pitié de moi ; ne me quittez pas... surtout ne me quittez pas... » En prononçant ces mots, elle m'avait saisi le bras, qu'elle me serrait fortement, comme s'il y avait eu près d'elle quelqu'un qui la menaçât de l'arracher et de l'entraîner... « Ne craignez rien, mademoiselle. — Je ne crains que moi. — Que faut-il faire pour vous ? — D'abord, me sauver de moi-même... Il ne m'aime plus ! je le fatigue ! je l'excède ! je l'ennuie ! Il me hait ! il m'abandonne ! il me laisse ! il me laisse ! » A ce mot répété succéda un silence profond ; et à ce silence, des éclats d'un rire convulsif plus effrayants mille fois que les accents du désespoir ou le râle de l'agonie. Ce furent ensuite des pleurs, des cris, des mots inarticulés, des regards tournés vers le ciel, des lèvres tremblantes, un torrent de douleurs qu'il fallait abandonner à son cours ; ce que je fis : et je ne commençai à m'adresser à sa raison, que quand je vis son âme brisée et stupide. Alors je repris : « Il vous hait, il vous laisse ! et qui est-ce qui vous l'a dit ? — Lui. — Allons, mademoiselle, un peu d'espérance et de courage. Ce n'est pas un monstre... — Vous ne le connaissez pas ; vous le connaîtrez. C'est un monstre comme il n'y en a point, comme il n'y en eut jamais. — Je ne saurais le croire. — Vous le verrez. — Est-ce qu'il aime ailleurs ? — Non. — Ne lui avez-vous donné aucun soupçon, aucun mécontentement ? — Aucun, aucun. — Qu'est-ce donc ? — Mon inutilité. Je n'ai plus rien. Je ne suis plus bonne à rien. Son ambition ; il a toujours été ambitieux. La perte de ma santé, celle de mes charmes : j'ai tant souffert et tant fatigué ; l'ennui, le dégoût. — On cesse d'être amants, mais on reste amis. — Je suis devenue un objet insupportable ; ma présence lui pèse, ma vue l'afflige et le blesse. Si vous saviez ce qu'il m'a dit ! Oui, monsieur, il m'a dit que s'il était condamné à passer vingt-quatre heures avec moi, il se jetterait par les fenêtres. — Mais cette aversion n'est pas l'ouvrage d'un moment. — Que sais-je ? Il est naturellement si dédaigneux ! si indifférent ! si froid ! Il est si difficile de lire au fond de ces âmes ! et l'on a tant de répugnance à lire son arrêt de mort ! Il me l'a prononcé, et avec quelle dureté ! — Je n'y conçois rien. — J'ai une grâce à vous demander, et c'est pour cela que je suis venue : me l'accorderez-vous ? — Quelle qu'elle soit. — Ecoutez. Il vous respecte ; vous savez tout ce qu'il me doit. Peut-être rougira-t-il de se montrer à vous tel qu'il est. Non, je ne crois pas qu'il en ait le front ni la force. Je ne suis qu'une femme, et vous êtes un homme. Un homme tendre, honnête et juste en impose. Vous lui en imposerez. Donnez-moi le bras, et ne refusez pas de m'accompagner chez lui. Je veux lui parler devant vous. Qui sait ce que ma douleur et votre présence pourront faire sur lui ? Vous m'accompagnerez ? — Très volontiers. — Allons... »

— Je crains bien que sa douleur et sa présence n'y fassent que de l'eau claire. Le dégoût ! c'est une terrible chose que le dégoût en amour, et d'une femme !...

— J'envoyais chercher une chaise à porteurs ; car elle n'était guère en état de marcher. Nous arrivons chez Gardeil, à cette grande maison neuve, la seule qu'il y ait à droite dans la rue Hyacinthe, en entrant par la place Saint-Michel. Là, les porteurs arrêtent ; ils ouvrent. J'attends. Elle ne sort point. Je m'approche, et je vois une femme saisie d'un tremblement universel ; ses dents se frappaient comme dans le frisson de la fièvre ; ses genoux se battaient l'un contre l'autre. « Un moment, monsieur ; je vous demande pardon ; je ne saurais... Que vais-je faire là ? Je vous aurai dérangé de vos affaires inutilement ; j'en suis fâchée ; je vous demande pardon... » Cependant je lui tendais le bras. Elle le prit, elle essaya de se lever ; elle ne le put. « Encore un moment, monsieur, me dit-elle ; je vous fais peine ; vous pâtissez de mon état... » Enfin elle se rassura un peu ; et en sortant de la chaise, elle ajouta tout bas : « Il faut entrer ; il faut le voir. Que sait-on ? j'y mourrai peut-être... » Voilà la cour traversée ; nous voilà à la porte de l'appartement ; nous voilà dans le cabinet de Gardeil. Il était à son bureau, en robe de chambre, en bonnet de nuit. Il me fit un salut de la main, et continua le travail qu'il avait commencé. Ensuite il vint à moi, et me dit : « Convenez, monsieur, que les femmes sont bien incommodes. Je vous fais mille excuses des extravagances de mademoiselle. » Puis s'adressant à la pauvre créature, qui était plus morte que vive : « Mademoiselle, lui dit-il, que prétendez-vous encore de moi ? Il me semble qu'après la manière nette et précise dont je me suis expliqué, tout doit être fini entre nous. Je vous ai dit que je ne vous aimais plus ; je vous l'ai dit seul à seul ; votre dessein est apparemment que je vous le répète devant monsieur : eh bien, mademoiselle, je ne vous aime plus. L'amour est un sentiment éteint dans mon cœur pour vous ; et j'ajouterai, si cela peut vous consoler, pour toute autre femme. — Mais apprenez-moi pourquoi vous ne m'aimez plus. — Je l'ignore ; tout ce que je sais, c'est que j'ai commencé sans savoir pourquoi ; que j'ai cessé sans savoir pourquoi ; et que je sens qu'il est impossible que cette passion revienne. C'est une gourme que j'ai jetée, et dont je me crois et me félicite d'être parfaitement guéri. — Quels sont mes torts ? — Vous n'en avez aucun. — Auriez-vous quelque objection secrète à faire à ma conduite ? — Pas la moindre ; vous avez été la femme la plus constante, la plus honnête, la plus tendre qu'un homme pût désirer. — Ai-je omis quelque chose qu'il fût en mon pouvoir de faire ? — Rien. — Ne vous ai-je pas sacrifié mes parents ? — Il est vrai. — Ma fortune. — J'en suis au désespoir. — Ma santé ? — Cela se peut. — Mon honneur, ma réputation, mon repos ? — Tout ce qu'il vous plaira. — Et je te suis odieuse ! — Cela est dur à dire, dur à entendre, mais puisque cela est, il faut en convenir. — Je lui suis odieuse !... Je le sens, et ne m'en estime pas davantage !... Odieuse ! ah ! dieux !... » A ces mots une pâleur mortelle se répandit sur son visage ; ses lèvres se décolorèrent ; les gouttes d'une sueur froide, qui se formait sur ses joues, se mêlaient aux larmes qui descendaient de ses yeux ; ils étaient fermés ; sa tête se renversa sur le dos de son fauteuil ; ses dents se serrèrent ; tous ses membres tressaillaient ; à ce tressaillement succéda une défaillance qui me parut l'accomplissement de l'espérance qu'elle avait conçue à la porte de cette maison. La durée de cet état acheva de m'effrayer. Je lui ôtai son mantelet ; je desserrai les cordons de sa robe ; je relâchai ceux de ses jupons, et je lui jetai quelques gouttes d'eau fraîche sur le visage. Ses yeux se rouvrirent à demi ; il se fit entendre un murmure sourd dans sa gorge ; elle voulait prononcer : Je lui suis odieuse ; et elle n'articulait que les dernières syllabes du mot ; puis elle poussait un cri aigu. Ses paupières s'abaissaient ; et l'évanouissement reprenait. Gardeil, froidement assis dans son fauteuil, son coude appuyé sur la table et sa tête appuyée sur sa main, la regardait sans émotion, et me laissait le soin de la secourir. Je lui dis à plusieurs reprises : « Mais, monsieur, elle se meurt... il faudrait appeler. » Il me répondit en souriant et haussant les épaules : « Les femmes ont la vie dure ; elles ne meurent pas pour si peu ; ce n'est rien ; cela se passera. Vous ne les connaissez pas ; elles font de leur corps tout ce qu'elles veulent... — Elle se meurt, vous dis-je. » En effet, son corps était comme sans force et sans vie ; il s'échappait de dessus son fauteuil, et elle serait tombée à terre de droite ou de gauche, si je ne l'avais retenue. Cependant Gardeil s'était levé brusquement ; et en se promenant dans son appartement, il disait d'un ton d'impatience et d'humeur : « Je me serais bien passé de cette maussade scène ; mais j'espère bien que ce sera la dernière. A qui diable en veut cette créature ? Je l'ai aimée ; je me battrais la tête contre le mur qu'il n'en serait ni plus ni moins. Je ne l'aime plus ; elle le sait à présent, ou elle ne le saura jamais. Tout est dit... — Non, monsieur, tout n'est pas dit. Quoi ! vous croyez qu'un homme de bien n'a qu'à dépouiller une femme de tout ce qu'elle a, et la laisser ? — Que voulez-vous que je fasse ? je suis aussi gueux qu'elle. — Ce que je veux que vous fassiez ? que vous associiez votre misère à celle où vous l'avez réduite. — Cela vous plaît à dire. Elle n'en serait pas mieux, et j'en serais beaucoup plus mal. — En useriez-vous ainsi avec un ami qui vous aurait tout sacrifié ? — Un ami ! un ami ! je n'ai pas grande foi aux amis ; et cette expérience m'a appris à n'en avoir aucune aux passions. Je suis fâché de ne l'avoir pas su plus tôt. — Et il est juste que cette malheureuse soit la victime de l'erreur de votre cœur. — Et qui vous a dit qu'un mois, un jour plus tard, je ne l'aurais pas été, moi, tout aussi cruellement, de l'erreur du sien ? — Qui me l'a dit ? tout ce qu'elle a fait pour vous, et l'état ou vous la voyez. — Ce qu'elle a fait pour moi !... Oh ! pardieu, il est acquitté de reste par la perte de mon temps. — Ah ! monsieur Gardeil, quelle comparaison de votre temps et de toutes les choses sans prix que vous lui avez enlevées ! — Je n'ai rien fait, je ne suis rien, j'ai trente ans ; il est temps ou jamais de penser à soi, et d'apprécier toutes ces fadaises-là ce qu'elles valent... »

Cependant la pauvre demoiselle était un peu revenue à elle-même. A ces derniers mots, elle reprit avec assez de vivacité : « Qu'a-t-il dit de la perte de son temps ? J'ai appris quatre langues, pour le soulager dans ses travaux ; j'ai lu mille volumes ; j'ai écrit, traduit, copié les jours et les nuits ; j'ai épuisé mes forces, usé mes yeux, brûlé mon sang ; j'ai contracté une maladie fâcheuse, dont je ne guérirai peut-être jamais. La cause de son dégoût, il n'ose l'avouer ; mais vous allez la connaître. » A l'instant elle arrache son fichu ; elle sort un de ses bras de sa robe ; elle met son épaule à nu ; et, me montrant une tache érysipélateuse : « La raison de son changement, la voilà, me dit-elle, la voilà ; voilà l'effet des nuits que j'ai veillées. Il arrivait le matin avec ses rouleaux de parchemin. M. d'Hérouville, me disait-il, est très pressé de savoir ce qu'il y a là-dedans ; il faudrait que cette besogne fût faite demain ; et elle l'était... » Dans ce moment, nous entendîmes le pas de quelqu'un qui s'avançait vers la porte ; c'était un domestique qui annonçait l'arrivée de M. d'Hérouville, Gardeil en pâlit. J'invitai Mlle de La Chaux à se rajuster et à se retirer... « Non, dit-elle, non ; je reste. Je veux démasquer l'indigne. J'attendrai M. d'Hérouville, je lui parlerai. — Et à quoi cela servira-t-il ? — A rien, me répondit-elle ; vous avez raison. — Demain vous en seriez désolée. Laissez-lui tous ses torts ; c'est une vengeance digne de vous. — Mais est-elle digne de lui ? Est-ce que vous ne voyez pas que cet homme-là n'est... Partons, monsieur, partons vite ; car je ne puis répondre ni de ce que je ferais, ni de ce que je dirais... » Mlle de La Chaux répara en un clin d'œil le désordre que cette scène avait mis dans ses vêtements, s'élança comme un trait hors du cabinet de Gardeil. Je la suivis, et j'entendis la porte qui se fermait sur nous avec violence. Depuis, j'ai appris qu'on avait donné son signalement au portier.

Je la conduisis chez elle, où je trouvai le docteur Le Camus, qui nous attendait. La passion qu'il avait prise pour cette jeune fille différait peu de celle qu'elle ressentait pour Gardeil. Je lui fis le récit de notre visite ; et tout à travers les signes de sa colère, de sa douleur, de son indignation...

— Il n'était pas trop difficile de démêler sur son visage que votre peu de succès ne lui déplaisait pas trop.

— Il est vrai.

— Voilà l'homme. Il n'est pas meilleur que cela.

— Cette rupture fut suivie d'une maladie violente, pendant laquelle le bon, l'honnête, le tendre et délicat docteur lui rendait des soins qu'il n'aurait pas eus pour la plus grande dame de France. Il venait trois, quatre fois par jour. Tant qu'il y eut du péril, il coucha dans sa chambre, sur un lit de sangle. C'est un bonheur qu'une maladie dans les grands chagrins.

— En nous rapprochant de nous, elle écarte le souvenir des autres. Et puis c'est un prétexte pour s'affliger sans indiscrétion et sans contrainte.

— Cette réflexion, juste d'ailleurs, n'était pas applicable à Mlle de La Chaux.

Pendant sa convalescence, nous arrangeâmes l'emploi de son temps. Elle avait de l'esprit, de l'imagination, du goût, des connaissances, plus qu'il n'en fallait pour être admise à l'Académie des inscriptions. Elle nous avait tant et tant entendus métaphysiquer, que les matières les plus abstraites lui étaient devenues familières ; et sa première tentative littéraire fut la traduction des *Essais sur l'entendement humain*, de Hume. Je la revis ; et, en vérité, elle m'avait laissé bien peu de chose à rectifier. Cette traduction fut imprimée en Hollande et bien accueillie du public.

Ma lettre sur les Sourds et Muets parut presque en même temps. Quelques objections très fines qu'elle me proposa donnèrent lieu à une addition qui lui fut dédiée. Cette addition n'est pas ce que j'ai fait de plus mal.

La gaieté de Mlle de La Chaux était un peu revenue. Le docteur nous donnait quelquefois à manger, et ces dîners n'étaient pas trop tristes. Depuis l'éloignement de Gardeil, la passion de Le Camus avait fait de merveilleux progrès. Un jour, à table, au dessert, qu'il s'en expliquait avec toute l'honnêteté, toute la sensibilité, toute la naïveté d'un enfant, toute la finesse d'un homme d'esprit, elle lui dit, avec une franchise qui me plut infiniment, mais qui déplaira peut-être à d'autres : « Docteur, il est impossible que l'estime que j'ai pour vous s'accroisse jamais. Je suis comblée de vos services ; et je serais aussi noire que le monstre de la rue Hyacinthe, si je n'étais pénétrée de la plus vive reconnaissance. Votre tour d'esprit me plaît on ne saurait davantage. Vous me parlez de votre passion avec tant de délicatesse et de grâce, que je serais, je crois, fâchée que vous ne m'en parlassiez plus. La seule idée de perdre votre société ou d'être privée de votre amitié suffirait pour me rendre malheureuse. Vous êtes un homme de bien, s'il en fut jamais. Vous êtes d'une bonté et d'une douceur de caractère incomparables. Je ne crois pas qu'un cœur puisse tomber en de meilleures mains. Je prêche le mien du matin au soir en votre faveur ; mais a beau prêcher qui n'a envie de bien faire. Je n'en avance pas davantage. Cependant vous souffrez ; et j'en ressens une peine cruelle. Je ne connais personne qui soit plus digne que vous du bonheur que vous sollicitez, et je ne sais ce que je n'oserais pas pour vous rendre heureux. Tout le possible, sans exception. Tenez, docteur, j'irais... oui, j'irais jusqu'à coucher... jusque-là inclusivement. Voulez-vous coucher avec moi ? vous n'avez qu'à dire. Voilà tout ce que je puis faire pour votre service ; mais vous voulez être aimé, et c'est ce que je ne saurais. »

Le docteur l'écoutait, lui prenait la main, la baisait, la mouillait de ses larmes ; et moi, je ne savais si je devais rire ou pleurer. Mlle de La Chaux connaissait bien le docteur ; et le lendemain que je lui disais : « Mais, mademoiselle, si le docteur vous eût prise au mot ? » elle me répondit : « J'aurais tenu ma parole ; mais cela ne pouvait arriver ; mes offres n'étaient pas de nature à pouvoir être acceptées par un homme tel que lui... — Pourquoi non ? Il me semble qu'à la place du docteur, j'aurais espéré que le reste viendrait après. — Oui ; mais à la place du docteur, Mlle de La Chaux ne vous aurait pas fait la même proposition. »

La traduction de Hume ne lui avait pas rendu grand argent. Les Hollandais impriment tant qu'on veut, pourvu qu'ils ne payent rien.

— Heureusement pour nous ; car, avec les entraves qu'on donne à l'esprit, s'ils s'avisent une fois de payer les auteurs, ils attireront chez eux tout le commerce de la librairie.

— Nous lui conseillâmes de faire un ouvrage d'agrément, auquel il y aurait moins d'honneur et plus de profit. Elle s'en occupa pendant quatre à cinq mois, au bout desquels elle m'apporta un petit roman historique, intitulé : *Les Trois Favorites*. Il y avait de la légèreté de style, de la finesse et de l'intérêt ; mais, sans qu'elle s'en fût doutée, car elle était incapable d'aucune malice, il était parsemé d'une multitude de traits applicables à la maîtresse du souverain, la marquise de Pompadour ; et je ne lui dissimulai pas que, quelque sacrifice qu'elle fît, soit en adoucissant, soit en supprimant ces endroits, il était presque impossible que son ouvrage parût sans la compromettre, et que le chagrin de gâter ce qui était bien ne la garantirait pas d'un autre.

Elle sentit toute la justesse de mon observation et n'en fut que plus affligée. Le bon docteur prévenait tous ses besoins ; mais elle usait de sa bienfaisance avec d'autant plus de réserve, qu'elle se sentait moins disposé à la sorte de reconnaissance qu'il en pouvait espérer. D'ailleurs, le docteur n'était pas riche alors ; et il n'était pas trop fait pour le devenir. De temps en temps, elle tirait son manuscrit de son portefeuille ; et elle me disait tristement : « Eh bien ! il n'y a donc pas moyen d'en rien faire ; et il faut qu'il reste là. » Je lui donnai un conseil singulier, ce fut d'envoyer l'ouvrage tel qu'il était, sans adoucir, sans changer, à Mme de Pompadour même, avec un bout de lettre qui la mît au fait de cet envoi. Cette idée lui plut. Elle écrivit une lettre charmante de tous points, mais surtout par un ton de vérité auquel il était impossible de se refuser. Deux ou trois mois s'écoulèrent sans qu'elle entendît parler de rien ; et elle tenait la tentative pour infructueuse, lorsqu'une croix de Saint-Louis se présenta chez elle avec une réponse de la marquise. L'ouvrage y était loué comme il le méritait ; on remerciait du sacrifice ; on convenait des applications, on n'en était point offensée ; et l'on invitait l'auteur à venir à Versailles, où l'on trouverait une femme reconnaissante et disposée à rendre les services qui dépendraient d'elle. L'envoyé, en sortant de chez Mlle de La Chaux, laissa adroitement sur sa cheminée un rouleau de cinquante louis.

Nous la pressâmes, le docteur et moi, de profiter de la bienveillance de Mme de Pompadour ; mais nous avions affaire à une fille dont la modestie et la timidité égalaient le mérite. Comment se présenter là avec ses haillons ? Le docteur leva tout de suite cette difficulté. Après les habits, ce furent d'autres prétextes, et puis d'autres prétextes encore. Le voyage de Versailles fut différé de jour en jour, jusqu'à ce qu'il ne convenait presque plus de le faire. Il y avait déjà du temps que nous ne lui en parlions pas, lorsque le même émissaire revint, avec une seconde lettre remplie des reproches les plus obligeants et une autre gratification équivalente à la première et offerte avec le même ménagement. Cette action généreuse de Mme de Pompadour n'a point été connue. J'en ai parlé à M. Collin, son homme de confiance et le distributeur de ses grâces secrètes. Il l'ignorait ; et j'aime à me persuader que ce n'est pas la seule que sa tombe recèle.

Ce fut ainsi que Mlle de La Chaux manqua deux fois l'occasion de se tirer de la détresse.

Depuis, elle transporta sa demeure sur les extrémités de la ville, et je la perdis tout à fait de vue. Ce que j'ai su du reste de sa vie, c'est qu'il n'a été qu'un tissu de chagrins, d'infirmités et de misère. Les portes de sa famille lui furent opiniâtrement fermées. Elle sollicita inutilement l'intercession de ces saints personnages qui l'avaient persécutée avec tant de zèle.

— Cela est dans la règle.

— Le docteur ne l'abandonna point. Elle mourut sur la paille, dans un grenier, tandis que le petit tigre de la rue Hyacinthe, le seul amant qu'elle ait eu, exerçait la médecine à Montpellier ou à Toulouse, et jouissait, dans la plus grande aisance, de la réputation méritée d'habile homme, et de la réputation usurpée d'honnête homme.

— Mais cela est encore à peu près dans la règle. S'il y a un bon et honnête Tanié, c'est à une Reymer que la Providence l'envoie ; s'il y a une bonne et honnête de La Chaux, elle deviendra le partage d'un Gardeil, afin que tout soit fait pour le mieux.

Mais on me dira peut-être que c'est aller trop vite que de prononcer définitivement sur le caractère d'un homme d'après une seule action ; qu'une règle aussi sévère réduirait le nombre des gens de bien au point d'en laisser moins sur la terre que l'Evangile du chrétien n'admet d'élus dans le ciel ; qu'on peut être inconstant en amour, se piquer même de peu de religion avec les femmes, sans être dépourvu d'honneur et de probité ; qu'on n'est le maître ni d'arrêter une passion qui s'allume, ni d'en prolonger une qui s'éteint ; qu'il y a déjà assez d'hommes dans les maisons et les rues qui méritent à juste titre le nom de coquins, sans inventer des crimes imaginaires qui les multiplieraient à l'infini. On me demandera si je n'ai jamais ni trahi, ni trompé, ni délaissé aucune femme sans sujet. Si je voulais répondre à ces questions, ma réponse ne demeurerait pas sans réplique, et ce serait une dispute à ne finir qu'au jugement dernier. Mais mettez la main sur la conscience, et dites-moi, vous, monsieur l'apologiste des trompeurs et des infidèles, si vous prendriez le docteur de Toulouse pour votre ami ?... Vous hésitez ? Tout est dit ; et sur ce, je prie Dieu de tenir en sa sainte garde toute femme à qui il vous prendra fantaisie d'adresser votre hommage.

MADAME DE LA CARLIERE

— Rentrons-nous ?

— C'est de bonne heure.

— Voyez-vous ces nuées ?

— Ne craignez rien ; elles disparaîtront d'elles-mêmes, et sans le secours de la moindre haleine de vent.

— Vous croyez ?

— J'en ai souvent fait l'observation en été, dans les temps chauds. La partie basse de l'atmosphère, que la pluie a dégagée de son humidité, va reprendre une portion de la vapeur épaisse qui forme le voile obscur qui vous dérobe le ciel. La masse de cette vapeur se distribuera à peu près également dans toute la masse de l'air ; et, par cette exacte distribution ou combinaison, comme il vous plaira de dire, l'atmosphère deviendra transparente et lucide. C'est une opération de nos laboratoires, qui s'exécute en grand au-dessus de nos têtes. Dans quelques heures, des points azurés commenceront à percer à travers les nuages raréfiés ; les nuages se raréfieront de plus en plus ; les points azurés se multiplieront et s'étendront ; bientôt vous ne saurez ce que sera devenu le crêpe noir qui vous effrayait ; et vous serez surpris et récréé de la limpidité de l'air, de la pureté du ciel, et de la beauté du jour.

— Mais cela est vrai ; car tandis que vous parliez, je regardais, et le phénomène semblait s'exécuter à vos ordres.

— Ce phénomène n'est qu'une espèce de dissolution de l'eau par l'air.

— Comme la vapeur, qui ternit la surface extérieure d'un verre que l'on remplit d'eau glacée, n'est qu'une espèce de précipitation.

— Et ces énormes ballons qui nagent ou restent suspendus dans l'atmosphère ne sont qu'une surabondance d'eau que l'air saturé ne peut dissoudre.

— Ils demeurent là comme des morceaux de sucre au fond d'une tasse de café qui n'en saurait plus prendre.

— Fort bien.

— Et vous me promettez donc à notre retour...

— Une voûte aussi étoilée que vous l'ayez jamais vue.

— Puisque nous continuons notre promenade, pourriez-vous me dire, vous qui connaissez tous ceux qui fréquentent ici, quel est ce personnage long, sec et mélancolique, qui s'est assis, qui n'a pas dit un mot, et qu'on a laissé seul dans le salon, lorsque le reste de la compagnie s'est dispersé ?

— C'est un homme dont je respecte vraiment la douleur.

— Et vous le nommez ?

— Le chevalier Desroches.

— Ce Desroches qui, devenu possesseur d'une fortune immense à la mort d'un père avare, s'est fait un nom par sa dissipation, ses galanteries, et la diversité de ses états ?

— Lui-même.

— Ce fou qui a subi toutes sortes de métamorphoses, et qu'on a vu successivement en petit collet, en robe de palais et en uniforme ?

— Oui, ce fou.

— Qu'il est changé !

— Sa vie est un tissu d'événements singuliers. C'est une des plus malheureuses victimes des caprices du sort et des jugements inconsidérés des hommes. Lorsqu'il quitta l'Eglise pour la magistrature, sa famille jeta les hauts cris ; et tout le sot public, qui ne manque jamais de prendre le parti des pères contre les enfants, se mit à clabauder à l'unisson.

— Ce fut bien un autre vacarme, lorsqu'il se retira du tribunal pour entrer au service.

— Cependant que fit-il ? un trait de vigueur dont nous nous glorifierions l'un et l'autre, et qui le qualifia la plus mauvaise tête qu'il y eût ; et puis vous êtes étonné que l'effréné bavardage de ces gens-là m'importune, m'impatiente, me blesse !

— Ma foi, je vous avoue que j'ai jugé Desroches comme tout le monde.

— Et c'est ainsi que de bouche en bouche, échos ridicules les unes des autres, un galant homme est traduit pour un plat homme, un homme d'esprit pour un sot, un homme honnête pour un coquin, un homme de courage pour un insensé, et réciproquement. Non, ces impertinents jaseurs ne valent pas la peine que l'on compte leur approbation, leur improbation pour quelque chose dans la conduite de sa vie. Ecoutez, morbleu ; et mourez de honte. Desroches entre conseiller au parlement très jeune : des circonstances favorables le conduisent rapidement à la grand'chambre ; il est de Tournelle à son tour, et l'un des rapporteurs dans une affaire criminelle. D'après ses conclusions, le malfaiteur est condamné au dernier supplice. Le jour de l'exécution, il est d'usage que ceux qui ont décidé la sentence du tribunal se rendent à l'hôtel de ville, afin d'y recevoir les dernières dispositions du malheureux, s'il en a quelques-unes à faire, comme il arriva cette fois-là. C'était en hiver. Desroches et son collègue étaient assis devant le feu, lorsqu'on leur annonça l'arrivée du patient. Cet homme, que la torture avait disloqué, était étendu et porté sur un matelas. En entrant, il se relève, il tourne ses regards vers le ciel, il s'écrie : « Grand Dieu ! tes jugements sont justes. » Le voilà sur son matelas, aux pieds de Desroches. « Et c'est vous, monsieur, qui m'avez condamné ! lui dit-il en l'apostrophant d'une voix forte. Je suis coupable du crime dont on m'accuse ; oui, je le suis, je le confesse. Mais vous n'en savez rien. » Puis, reprenant toute la procédure, il démontra clair comme le jour qu'il n'y avait ni solidité dans les preuves, ni justice dans la sentence. Desroches, saisi d'un tremblement universel, se lève, déchire sur lui sa robe magistrale, et renonce pour jamais à la périlleuse fonction de prononcer sur la vie des hommes. Et voilà ce qu'ils appellent un fou ! Un homme qui se connaît, et qui craint d'avilir l'habit ecclésiastique par de mauvaises mœurs, ou de se trouver un jour souillé du sang de l'innocent.

— C'est qu'on ignore ces choses-là.

— C'est qu'il faut se taire, quand on ignore.

— Mais pour se taire, il faut se méfier.

— Et quel inconvénient à se méfier ?

— De refuser de la croyance à vingt personnes qu'on estime, en faveur d'un homme qu'on ne connaît pas.

— Hé, monsieur, je ne vous demande pas tant de garants, quand il s'agit d'assurer le bien ! mais le mal... Laissons cela ; vous m'écartez de mon récit, et me donnez de l'humeur. Cependant il fallait être quelque chose. Il acheta une compagnie.

— C'est-à-dire qu'il laissa le métier de condamner ses semblables, pour celui de les tuer sans aucune forme de procès.

— Je n'entends pas comment on plaisante en pareil cas.

— Que voulez-vous ? vous êtes triste, et je suis gai.

— C'est la suite de son histoire qu'il faut savoir, pour apprécier la valeur du caquet public.

— Je la saurais, si vous vouliez.

— Cela sera long.

— Tant mieux.

— Desroches fait la campagne de 1745, et se montre bien. Echappé aux dangers de la guerre, à deux cent mille coups de fusil, il vient se faire casser la jambe par un cheval ombrageux, à douze ou quinze lieues d'une maison de campagne, où il s'était proposé de passer son quartier d'hiver ; et Dieu sait comment cet accident fut arrangé par nos agréables.

— C'est qu'il y a certains personnages dont on s'est fait une habitude de rire, et qu'on ne plaint de rien.

— Un homme qui a la jambe fracassée, cela est en effet très plaisant ! Hé bien ! messieurs les rieurs impertinents, riez bien ; mais sachez qu'il eût peut-être mieux valu pour Desroches d'avoir été emporté par un boulet de canon, ou d'être resté sur le champ de bataille, le ventre crevé d'un coup de baïonnette. Cet accident lui arriva dans un méchant petit village, où il n'y avait d'asile supportable que le presbytère ou le château. On le transporta au château, qui appartenait à une jeune veuve appelée Mme de La Carlière, la dame du lieu.

— Qui n'a pas entendu parler de Mme de La Carlière ? Qui n'a pas entendu parler de ses complaisances sans bornes pour un vieux mari jaloux, à qui la cupidité de ses parents l'avait sacrifiée à l'âge de quatorze ans ?

— A cet âge, où l'on prend le plus sérieux des engagements, parce qu'on mettra du rouge, et qu'on aura de belles boucles. Mme de La Carlière fut, avec son premier mari, la femme de la conduite la plus réservée et la plus honnête.

— Je le crois, puisque vous me le dites.

— Elle reçut et traita le chevalier Desroches avec toutes les attentions imaginables. Ses affaires la rappelaient à la ville ; malgré ses affaires et les pluies continuelles d'un vilain automne, qui, en gonflant les eaux de la Marne qui coule dans son voisinage, l'exposait à ne sortir de chez elle qu'en bateau, elle prolongea son séjour à sa terre jusqu'à l'entière guérison de Desroches. Le voilà guéri ; le voilà à côté de Mme de La Carlière, dans une même voiture qui les ramène à Paris ; et le chevalier, lié de reconnaissance et attaché d'un sentiment plus doux à sa jeune, riche et belle hospitalière.

— Il est vrai que c'était une créature céleste ; elle ne parut jamais au spectacle sans faire sensation.

— Et c'est là que vous l'avez vue ?...

— Il est vrai.

— Pendant la durée d'une intimité de plusieurs années, l'amoureux chevalier, qui n'était pas indifférent à Mme de La Carlière, lui avait proposé plusieurs fois de l'épouser ; mais la mémoire récente des peines qu'elle avait endurées sous la tyrannie d'un premier époux, et plus encore cette réputation de légèreté que le chevalier s'était faite par une multitude d'aventures galantes, effrayaient Mme de La Carlière, qui ne croyait pas à la conversion des hommes de ce caractère. Elle était alors en procès avec les héritiers de son mari.

— N'y eut-il pas encore des propos à l'occasion de ce procès-là ?

— Beaucoup, et de toutes les couleurs. Je vous laisse à penser si Desroches, qui avait conservé nombre d'amis dans la magistrature, s'endormit sur les intérêts de Mme de La Carlière.

— Et si nous l'en supposions reconnaissante !

— Il était sans cesse à la porte des juges.

— Le plaisant, c'est que, parfaitement guéri de sa fracture, il ne les visitait jamais sans un brodequin à la jambe. Il prétendait que ses sollicitations, appuyées de son brodequin, en devenaient plus touchantes. Il est vrai qu'il le plaçait tantôt d'un côté, tantôt d'un autre, et qu'on en faisait quelquefois la remarque.

— Et que pour le distinguer d'un parent du même nom, on l'appela Desroches-le-Brodequin. Cependant, à l'aide du bon droit et du brodequin pathétique du chevalier, Mme de La Carlière gagna son procès.

— Et devint Mme Desroches en titre.

— Comme vous y allez ! Vous n'aimez pas les détails communs, et je vous en fais grâce. Ils étaient d'accord, ils touchaient au moment de leur union, lorsque Mme de La Carlière, après un repas d'apparat, au milieu d'un cercle nombreux, composé des deux familles et d'un certain nombre d'amis, prenant un maintien auguste et un ton solennel, s'adressa au chevalier, et lui dit :

« Monsieur Desroches, écoutez-moi. Aujourd'hui nous sommes libres l'un et l'autre ; demain nous ne le serons plus ; et je vais devenir maîtresse de votre bonheur ou de votre malheur ; vous, du mien. J'y ai bien réfléchi. Daignez y penser aussi sérieusement. Si vous vous sentez ce même penchant à l'inconstance qui vous a dominé jusqu'à présent ; si je ne suffisais pas à toute l'étendue de vos désirs, ne vous engagez pas ; je vous en conjure par vous-même et par moi. Songez que moins je me crois faite pour être négligée, plus je ressentirais vivement une injure. J'ai de la vanité, et beaucoup. Je ne sais pas haïr ; mais personne ne sait mieux mépriser, et je ne reviens point du mépris. Demain, au pied des autels, vous jurerez de m'appartenir, et de n'appartenir qu'à moi. Sondez-vous ; interrogez votre cœur, tandis qu'il en est encore temps ; songez qu'il y va de ma vie. Monsieur, on me blesse aisément ; et la blessure de mon âme ne cicatrise point ; elle saigne toujours. Je ne me plaindrai point, parce que la plainte importune d'abord, finit par aigrir le mal ; et parce que la pitié est un sentiment qui dégrade celui qui l'inspire. Je renfermerai ma douleur ; et j'en périrai. Chevalier, je vais vous abandonner ma personne et mon bien, vous résigner mes volontés et mes fantaisies ; vous serez tout au monde pour moi ; mais il faut que je sois tout au monde pour vous ; je ne puis être satisfaite à moins. Je suis, je crois, l'unique pour vous dans ce moment ; et vous l'êtes certainement pour moi ; mais il est très possible que nous rencontrions, vous une femme qui soit plus aimable, moi quelqu'un qui me le paraisse. Si la supériorité de mérite, réelle ou présumée, justifiait l'inconstance, il n'y aurait plus de mœurs. J'ai des mœurs ; je veux en avoir, je veux que vous en ayez. C'est par tous les sacrifices imaginables, que je prétends vous acquérir sans réserve. Voilà mes droits, voilà mes titres ; et je n'en rabattrai jamais rien. Je ferai tout pour que vous ne soyez pas seulement un inconstant, mais pour qu'au jugement des hommes sensés, au jugement de votre propre conscience, vous soyez le dernier des ingrats. J'accepte le même reproche, si je ne réponds pas à vos soins, à vos égards, à votre tendresse, au-delà de vos espérances. J'ai appris ce dont j'étais capable, à côté d'un époux qui ne me rendait les devoirs d'une femme ni faciles ni agréables. Vous savez à présent ce que vous avez à attendre de moi. Voyez ce que vous avez à craindre de vous. Parlez-moi, chevalier, parlez-moi nettement. Ou je deviendrai votre épouse, ou je resterai votre amie ; l'alternative n'est pas cruelle. Mon ami, mon tendre ami, je vous en conjure, ne m'exposez pas à détester, à fuir le père de mes enfants, et peut-être, dans un accès de désespoir, à repousser leurs innocentes caresses. Que je puisse, toute ma vie, avec un nouveau transport, vous retrouver en eux et me réjouir d'avoir été leur mère. Donnez-moi la plus grande marque de confiance qu'une femme honnête ait sollicitée d'un galant homme ; refusez-moi, si vous croyez que je me mette à un trop haut prix. Loin d'en être offensée, je jetterai mes bras autour de votre cou ; et l'amour de celles que vous avez captivées, et les fadeurs que vous leur avez débitées, ne vous auront jamais valu un baiser aussi sincère, aussi doux que celui que vous aurez obtenu de votre franchise et de ma reconnaissance ! »

— Je crois avoir entendu dans le temps une parodie bien comique de ce discours.

— Et par quelque bonne amie de Mme de La Carlière ?

— Ma foi, je me la rappelle ; vous avez deviné.

— Et cela ne suffirait pas à rencogner un homme au fond d'une forêt, loin de toute cette décente canaille, pour laquelle il n'y a rien de sacré ? J'irai ; cela finira par là. Rien n'est plus sûr, j'irai. L'assemblée, qui avait commencé par sourire, finit par verser des larmes. Desroches se précipita aux genoux de

Mme de La Carlière, se répandit en protestations honnêtes et tendres ; n'omit rien de ce qui pouvait aggraver ou excuser sa conduite passée ; compara Mme de La Carlière aux femmes qu'il avait connues et délaissées ; tira de ce parallèle juste et flatteur des motifs de la rassurer, de se rassurer lui-même contre un penchant à la mode, une effervescence de jeunesse, le vice des mœurs générales plutôt que le sien ; ne dit rien qu'il ne pensât et qu'il ne se promît de faire. Mme de La Carlière le regardait, l'écoutait, cherchait à le pénétrer dans ses discours, dans ses mouvements, et interprétait tout à son avantage.

— Pourquoi non, s'il était vrai ?

— Elle lui avait abandonné une de ses mains, qu'il baisait, qu'il pressait contre son cœur, qu'il baisait encore, qu'il mouillait de ses larmes. Tout le monde partageait leur tendresse ; toutes les femmes sentaient comme Mme de La Carlière, tous les hommes comme le chevalier.

— C'est l'effet de ce qui est honnête, de ne laisser à une grande assemblée qu'une pensée et qu'une âme. Comme on s'estime, comme on s'aime tous dans ces moments ! Par exemple, que l'humanité est belle au spectacle ! Pourquoi faut-il qu'on se sépare si vite ! Les hommes sont si bons et si heureux lorsque l'honnête réunit leurs suffrages, les confond, les rend uns !

— Nous jouissions de ce bonheur qui nous assimilait, lorsque Mme de La Carlière, transportée d'un mouvement d'âme exaltée, se leva et dit à Desroches : « Chevalier, je ne vous crois pas encore, mais tout à l'heure je vous croirai. »

— La petite comtesse jouait sublimement cet enthousiasme de sa belle cousine.

— Elle est bien plus faite pour le jouer que pour le sentir. « Les serments prononcés au pied des autels... » Vous riez ?

— Ma foi, je vous en demande pardon ; mais je

vois encore la petite comtesse hissée sur la pointe de ses pieds ; et j'entends son ton emphatique.

— Allez, vous êtes un scélérat, un corrompu comme tous ces gens-là, et je me tais.

— Je vous promets de ne plus rire.

— Prenez-y garde.

— Hé bien, les serments prononcés au pied des autels...

— « Ont été suivis de tant de parjures, que je ne fais aucun compte de la promesse solennelle de demain. La présence de Dieu est moins redoutable pour nous que le jugement de nos semblables. Monsieur Desroches, approchez. Voilà ma main ; donnez-moi la vôtre, et jurez-moi une fidélité, une tendresse éternelle ; attestez-en les hommes qui nous entourent. Permettez que, s'il arrive que vous me donniez quelques sujets légitimes de me plaindre, je vous dénonce à ce tribunal, et vous livre à son indignation. Consentez qu'ils se rassemblent à ma voix, et qu'ils vous appellent traître, ingrat, perfide, homme faux, homme méchant. Ce sont mes amis et les vôtres. Consentez qu'au moment où je vous perdrais, il ne vous en reste aucun. Vous, mes amis, jurez-moi de le laisser seul. »

A l'instant le salon retentit des cris mêlés : Je promets ! je permets ! je consens ! nous le jurons ! Et au milieu de ce tumulte délicieux, le chevalier, qui avait jeté ses bras autour de Mme de La Carlière, la baisait sur le front, sur les yeux, sur les joues. « Mais, chevalier ! »

— « Mais, madame, la cérémonie est faite ; je suis votre époux, vous êtes ma femme. »

— « Au fond des bois, assurément ; ici il manque une formalité d'usage. En attendant mieux, tenez, voilà mon portrait ; faites-en ce qu'il vous plaira. N'avez-vous pas ordonné le vôtre ? Si vous l'avez, donnez-le-moi... »

Desroches présenta son portrait à Mme de La Carlière, qui le mit à son bras, et qui se fit appeler, le reste de la journée, Mme Desroches.

— Je suis bien pressé de savoir ce que cela deviendra.

— Un moment de patience. Je vous ai promis d'être long ; et il faut que je tienne parole. Mais... il est vrai... c'était dans le temps de votre grande tournée, et vous étiez alors absent du royaume.

Deux ans, deux ans entiers, Desroches et sa femme furent les époux les plus unis, les plus heureux. On crut Desroches vraiment corrigé ; et il l'était en effet. Ses amis de libertinage, qui avaient entendu parler de la scène précédente et qui en avaient plaisanté, disaient que c'était réellement le prêtre qui portait malheur, et que Mme de La Carlière avait découvert, au bout de deux mille ans, le secret d'esquiver à la malédiction du sacrement. Desroches eut un enfant de Mme de La Carlière, que j'appellerai Mme Desroches, jusqu'à ce qu'il me convienne d'en user autrement. Elle voulut absolument le nourrir. Ce fut un long et périlleux intervalle pour un jeune homme d'un tempérament ardent, et peu fait à cette espèce de régime. Tandis que Mme Desroches était à ses fonctions...

— Son mari se répandait dans la société ; et il eut le malheur de trouver un jour sur son chemin une de ces femmes séduisantes, artificieuses, secrètement irritées de voir ailleurs une concorde qu'elles ont exclue de chez elles, et dont il semble que l'étude et la consolation soient de plonger les autres dans la misère qu'elles éprouvent.

— C'est votre histoire, mais ce n'est pas la sienne. Desroches, qui se connaissait, qui connaissait sa femme, qui la respectait, qui la redoutait...

— C'est presque la même chose...

— Passait ses journées à côté d'elle. Son enfant, dont il était fou, était presque aussi souvent entre ses bras qu'entre ceux de la mère, dont il s'occupait, avec quelques amis communs, à soulager la tâche honnête, mais pénible, par la variété des amusements domestiques.

— Cela est fort beau.

— Certainement. Un de ses amis s'était engagé dans les opérations du gouvernement. Le ministère lui redevait une somme considérable, qui faisait presque toute sa fortune, et dont il sollicitait inutilement la rentrée. Il s'en ouvrit à Desroches. Celui-ci se rappela qu'il avait été autrefois fort bien avec une femme assez puissante, par ses liaisons, pour finir cette affaire. Il se tut. Mais, dès le lendemain, il vit cette femme et lui parla. On fut enchanté de retrouver et de servir un galant homme qu'on avait tendrement aimé, et sacrifié à des vues ambitieuses. Cette première entrevue fut suivie de plusieurs autres. Cette femme était charmante. Elle avait des torts ; et la manière dont elle s'en expliquait n'était point équivoque. Desroches fut quelque temps incertain de ce qu'il ferait.

— Ma foi, je ne sais pas pourquoi.

— Mais, moitié goût, désœuvrement ou faiblesse, moitié crainte qu'un misérable scrupule...

— Sur un amusement assez indifférent pour sa femme...

— Ne ralentît la vivacité de la protectrice de son ami, et n'arrêtât le succès de sa négociation ; il oublia un moment Mme Desroches, et s'engagea dans une intrigue que sa complice avait le plus grand intérêt de tenir secrète, et dans une correspondance nécessaire et suivie. On se voyait peu, mais on s'écrivait souvent. J'ai dit cent fois aux amants : N'écrivez point ; les lettres vous perdront ; tôt ou tard le hasard en détournera une de son adresse. Le hasard combine tous les cas possibles ; et il ne lui faut que du temps pour amener la chance fatale.

— Aucuns ne vous ont cru ?

— Et tous se sont perdus, et Desroches, comme cent mille qui l'ont précédé, et cent mille qui le suivront. Celui-ci gardait les siennes dans un de ces petits coffrets cerclés en dessus et par les côtés de lames d'acier. A la ville, à la campagne, le coffret était sous la clef d'un secrétaire. En voyage, il était déposé dans une des malles de Desroches, sur le devant de la voiture. Cette fois-ci il était sur le devant. Ils partent ; ils arrivent. En mettant pied à terre, Desroches donne à un domestique le coffret à porter dans son appartement, où l'on n'arrivait qu'en traversant celui de sa femme. Là, l'anneau casse, le coffret tombe, le dessus se sépare du reste, et voilà une multitude de lettres éparses aux pieds de Mme Desroches. Elle en ramasse quelques-unes, et se convainc de la perfidie de son époux. Elle ne se rappela jamais cet instant sans frisson. Elle me disait qu'une sueur froide s'était échappée de toutes les parties de son corps, et qu'il lui avait semblé qu'une griffe de fer lui serrait le cœur et tiraillait ses entrailles. Que va-t-elle devenir ? Que fera-t-elle ? Elle se recueillit ; elle rappela ce qui lui restait de raison et de force. Entre ces lettres, elle fit choix de quelques-unes des plus significatives ; elle rajusta le fond du coffret, et ordonna au domestique de le placer dans l'appartement de son maître, sans parler de ce qui venait d'arriver, sous peine d'être chassé sur-le-champ. Elle avait promis à Desroches qu'il n'entendrait jamais une plainte de sa bouche ; elle tint parole. Cependant la tristesse s'empara d'elle ; elle pleurait quelquefois ; elle voulait être seule, chez elle ou à la promenade ; elle se faisait servir dans son appartement ; elle gardait un silence continu ; il ne lui échappait que quelques soupirs involontaires. L'affligé mais tranquille Desroches traitait cet état de vapeurs, quoique les femmes qui nourrissent n'y soient pas sujettes. En très peu de temps la santé de sa femme s'affaiblit, au point qu'il fallut quitter la campagne et s'en revenir à la ville. Elle obtint de son mari de faire la route dans une voiture séparée. De retour ici, elle mit dans ses procédés tant de réserve et d'adresse, que Desroches, qui ne s'était point aperçu de la soustraction des lettres, ne vit dans les légers dédains de sa femme, son indifférence, ses soupirs échappés, ses larmes retenues, son goût pour la solitude, que les symptômes accoutumés de l'indisposition qu'il lui croyait. Quelquefois il lui conseillait d'interrompre la nourriture de son enfant ; c'était précisément le seul moyen d'éloigner, tant qu'il lui plairait, un éclaircissement entre elle et son mari. Desroches continuait donc de vivre à côté de sa femme, dans la plus entière sécurité sur le mystère de sa conduite, lorsqu'un matin elle lui apparut grande, noble, digne, vêtue du même habit et parée des mêmes ajustements qu'elle avait portés dans la cérémonie domestique de la veille de son mariage. Ce qu'elle avait perdu de fraîcheur et d'embonpoint, ce que la peine secrète dont elle était consumée lui avait ôté de charmes, était réparé avec avantage par la noblesse de son maintien. Desroches écrivait à son amie lorsque sa femme entra. Le trouble les saisit l'un et l'autre ; mais, tous les deux également habiles et intéressés à dissimuler, ce trouble ne fit que passer. « Oh ma femme ! s'écria Desroches en la voyant et en chiffonnant, comme de distraction, le papier qu'il avait écrit, que vous êtes belle ! Quels sont donc vos projets du jour ? — Mon projet, monsieur, est de rassembler les deux familles. Nos amis, nos parents sont invités, et je compte sur vous. — Certainement. A quelle heure me désirez-vous ? — A quelle heure je vous désire ? mais... à l'heure accoutumée. — Vous avez un éventail et des gants, est-ce que vous sortez ? — Si vous le permettez. — Et pourrait-on savoir où vous allez ? — Chez ma mère. — Je vous prie de lui présenter mon respect. — Votre respect ? — Assurément. »

Mme Desroches ne rentra qu'à l'heure de se mettre à table. Les convives étaient arrivés. On l'attendait. Aussitôt qu'elle parut, ce fut la même exclamation que celle de son mari. Les hommes, les femmes l'entourèrent en disant tous à la fois : « Mais voyez donc, qu'elle est belle ! » Les femmes rajustaient quelque chose qui s'était dérangé à la coiffure. Les hommes, placés à distance et immobiles d'admiration, répétaient entre eux : « Non, Dieu ni la nature n'ont rien fait, n'ont rien pu faire de plus imposant, de plus grand, de plus beau, de plus noble, de plus parfait. — Mais, ma femme, lui disait Desroches, vous ne me paraissez pas assez sensible à l'impression que vous faites sur nous. De grâce, ne souriez pas ; un souris, accompagné de tant de charmes, nous ravirait à tous le sens commun. » Mme Desroches répondit d'un léger mouvement d'indignation, détourna la tête et porta son mouchoir à ses yeux, qui commençaient à s'humecter. Les femmes, qui remarquent tout, se demandaient tout bas : « Qu'a-t-elle donc ? On dirait qu'elle a envie de pleurer. » Desroches, qui les devinait, portait la main à son front et leur faisait signe que la tête de madame était un peu affectée.

— En effet, on m'écrivit au loin qu'il se répandait un bruit sourd que la belle Mme Desroches, ci-devant la belle Mme de La Carlière, était devenue folle.

— On servit. La gaieté se montrait sur tous les visages, excepté sur celui de Mme de La Carlière. Desroches la plaisanta légèrement sur son air de dignité. Il ne faisait pas assez de cas de sa raison ni de celle de ses amis pour craindre le danger d'un de ses souris. « Ma femme, si tu voulais sourire. » Mme de La Carlière affecta de ne pas entendre, et garda son air grave. Les femmes dirent que toutes les physionomies lui allaient si bien, qu'on pouvait lui en laisser le choix. Le repas est achevé. On rentre dans le salon. Le cercle est formé. Mme de La Carlière...

— Vous voulez dire Mme Desroches ?

— Non ; il ne me plaît plus de l'appeler ainsi. Mme de La Carlière sonne ; elle fait signe. On lui apporte son enfant. Elle le reçoit en tremblant. Elle découvre son sein, lui donne à téter, et le rend à la gouvernante, après l'avoir regardé tristement, baisé et mouillé d'une larme qui tomba sur le visage de l'enfant. Elle dit, en essuyant cette larme : « Ce ne sera pas la dernière. » Mais ces mots furent prononcés si bas, qu'on les entendit à peine. Ce spectacle attendrit tous les assistants, et établit dans le salon un silence profond. Ce fut alors que Mme de La Carlière se leva et, s'adressant à la compagnie, dit ce qui suit, ou l'équivalent :

« Mes parents, mes amis, vous y étiez tous le jour que j'engageai ma foi à M. Desroches, et qu'il m'engagea la sienne. Les conditions auxquelles je reçus sa main et lui donnai la mienne, vous vous les rappelez sans doute. Monsieur Desroches, parlez. Ai-je été fidèle à mes promesses ?... — Jusqu'au scrupule. — Et vous, monsieur, vous m'avez trompée, vous m'avez trahie... — Moi, madame !... — Vous, monsieur. — Qui sont les malheureux, les indignes... — Il n'y a de malheureux ici que moi, et d'indigne que vous... — Madame, ma femme... — Je ne la suis plus... — Madame ! — Monsieur, n'ajoutez pas le mensonge et l'arrogance à la perfidie. Plus vous vous défendrez, plus vous serez confus. Epargnez-vous vous-même... »

En achevant ces mots elle tira les lettres de sa poche, en présenta de côté quelques-unes à Desroches, et distribua les autres aux assistants. On les prit, mais on ne les lisait pas. « Messieurs, mesdames, disait Mme de La Carlière, lisez et jugez-nous. Vous ne sortirez point d'ici sans avoir prononcé. » Puis, s'adressant à Desroches : « Vous, monsieur, vous devez connaître l'écriture. » On hésita encore ; mais, sur les instances réitérées de Mme de La Carlière, on lut. Cependant Desroches, tremblant, immobile, s'était appuyé la tête contre une glace, le dos tourné à la compagnie, qu'il n'osait regarder. Un de ses amis en eut pitié, le prit par la main, et l'entraîna hors du salon.

— Dans les détails qu'on me fit de cette scène, on me disait qu'il avait été bien plat, et sa femme honnêtement ridicule.

— L'absence de Desroches mit à l'aise. On convint de sa faute ; on approuva le ressentiment de Mme de La Carlière, pourvu qu'elle ne le poussât pas trop loin. On s'attroupa autour d'elle ; on la pressa, on la supplia, on la conjura. L'ami qui avait entraîné Desroches entrait et sortait, l'instruisant de ce qui se passait. Mme de La Carlière resta ferme dans une résolution dont elle ne s'était point encore expliquée. Elle ne répondait que le même mot à tout ce qu'on lui représentait. Elle disait aux femmes : « Mesdames, je ne blâme point votre indulgence. » Aux hommes : « Messieurs, cela ne se peut ; la confiance est perdue, et il n'y a point de ressource. » On ramena le mari. Il était plus mort que vif. Il tomba plutôt qu'il ne se jeta aux pieds de sa femme ; il y restait sans parler. Mme de La Carlière lui dit : « Monsieur, relevez-vous. » Il se releva, et elle ajouta : « Vous êtes un mauvais époux. Etes-vous, n'êtes-vous pas un galant homme, c'est ce que je vais savoir. Je ne puis ni vous aimer ni vous estimer ; c'est vous déclarer que nous ne sommes pas faits pour vivre ensemble. Je vous abandonne ma fortune. Je n'en réclame qu'une partie suffisante pour sa subsistance étroite et celle de mon enfant. Ma mère est prévenue. J'ai un logement préparé chez elle ; et vous permettrez que je l'aille occuper sur-le-champ. La seule grâce que je demande et que je suis en droit d'obtenir, c'est de m'épargner un éclat qui ne changerait pas mes desseins, et dont le seul effet serait d'accélérer la cruelle sentence que vous avez prononcée contre moi. Souffrez que j'emporte mon enfant, et que j'attende à côté de ma mère qu'elle me ferme les yeux ou que je ferme les siens. Si vous avez de la peine, soyez sûr que ma douleur et le grand âge de ma mère la finiront bientôt. »

Cependant les pleurs coulaient de tous les yeux ; les femmes lui tenaient les mains ; les hommes s'étaient prosternés. Mais ce fut lorsque Mme de La Carlière s'avança vers la porte, tenant son enfant entre ses bras, qu'on entendit des sanglots et des cris. Le mari criait : « Ma femme ! ma femme ! écoutez-moi ; vous ne savez pas. » Les hommes criaient, les femmes criaient : « Madame Desroches ! madame ! » Le mari criait : « Mes amis, la laisserez-vous aller ? Arrêtez-la donc ; qu'elle m'entende, que je lui parle. » Comme on le pressait de se jeter au-devant d'elle : « Non, disait-il, je ne saurais, je n'oserais : moi, porter une main sur elle ! la toucher ! je n'en suis pas digne. »

Mme de La Carlière partit. J'étais chez sa mère lorsqu'elle y arriva, brisée des efforts qu'elle s'était faits. Trois de ses domestiques l'avaient descendue de sa voiture et la portaient par la tête et par les pieds ; suivait la gouvernante, pâle comme la mort, avec l'enfant endormi sur son sein. On déposa cette malheureuse femme sur un lit de repos, où elle resta longtemps sans mouvement, sous les yeux de sa vieille et respectable mère, qui ouvrait la bouche sans crier, qui s'agitait autour d'elle, qui voulait secourir sa fille, et qui ne le pouvait. Enfin la connaissance lui revint ; et ses premiers mots, en levant les paupières, furent : « Je ne suis donc pas morte ! C'est une chose bien douce que d'être morte ! Ma mère, mettez-vous là, à côté de moi, et mourons toutes deux. Mais, si nous mourons, qui aura soin de ce pauvre petit ? »

Alors elle prit les deux mains sèches et tremblantes de sa mère dans une des siennes ; elle posa l'autre sur son enfant ; elle se mit à répandre un torrent de larmes. Elle sanglotait : elle voulait se plaindre ; mais sa plainte et ses sanglots étaient interrompus d'un hoquet violent. Lorsqu'elle put articuler quelques paroles, elle dit : « Serait-il possible qu'il souffrît autant que moi ! » Cependant on s'occupait à consoler Desroches et à lui persuader que le ressentiment d'une faute aussi légère que la sienne ne pourrait durer ; mais qu'il fallait accorder quelques instants à l'orgueil d'une femme fière, sensible et blessée, et que la solennité d'une cérémonie extraordinaire engageait presque d'honneur à une démarche violente. « C'est un peu notre faute, » disaient les hommes... « Vraiment oui, disaient les femmes ; si nous eussions vu sa sublime momerie du même œil que le public et la comtesse, rien de ce qui nous désole à présent ne serait arrivé... C'est que les choses d'un certain appareil nous en imposent et que nous nous laissons aller à une sotte admiration, lorsqu'il n'y aurait qu'à hausser les épaules et rire... Vous verrez, vous verrez le beau train que cette dernière scène va faire, et comme on nous y tympanisera tous. »

— Entre nous, cela prêtait.

— De ce jour, Mme de La Carlière reprit son nom de veuve et ne souffrit jamais qu'on l'appelât Mme Desroches. Sa porte, longtemps fermée à tout le monde, le fut pour toujours à son mari. Il écrivit, on brûla ses lettres sans les ouvrir. Mme de La Carlière déclara à ses parents et à ses amis qu'elle cesserait de voir le premier qui intercéderait pour lui. Les prêtres s'en mêlèrent sans fruit. Pour les grands, elle rejeta leur médiation avec tant de hauteur et de fermeté, qu'elle en fut bientôt délivrée.

— Ils dirent sans doute que c'était une impertinente, une prude renforcée.

— Et les autres le répétèrent tous d'après eux. Cependant elle était absorbée dans la mélancolie ; sa santé s'était détruite avec une rapidité inconcevable. Tant de personnes étaient confidentes de cette séparation inattendue et du motif qui l'avait amenée, que ce fut bientôt l'entretien général. C'est ici que je vous prie de détourner vos yeux, s'il se peut, de Mme de La Carlière, pour les fixer sur le public, sur cette foule imbécile qui nous juge, qui dispose de notre honneur, qui nous porte aux nues ou qui nous traîne dans la fange, et qu'on respecte d'autant plus qu'on a plus d'énergie et de vertu. Esclaves du public, vous pourrez être les fils adoptifs du tyran ; mais vous ne verrez jamais le quatrième jour des Ides !... Il n'y avait qu'un avis sur la conduite de Mme de La Carlière ; « c'était une folle à enfermer... Le bel exemple à donner et à suivre !... C'est à séparer les trois quarts des maris de leurs femmes... Les trois quarts, dites-vous ? Est-ce qu'il y en a deux sur cent qui soient fidèles à la rigueur ?... Mme de La Carlière est très aimable, sans contredit ; elle avait fait ses conditions, d'accord ; c'est la beauté, la vertu, l'honnêteté même. Ajoutez que le chevalier lui doit tout. Mais aussi vouloir, dans tout un royaume, être l'unique à qui son mari s'en tienne strictement, la prétention est par trop ridicule. » Et puis l'on continuait : « Si le Desroches en est si féru, que ne s'adresse-t-il aux lois, et que ne met-il cette femme à la raison ? » Jugez de ce qu'ils auraient dit si Desroches ou son ami avait pu s'expliquer ; mais tout les réduisait au silence. Ces derniers propos furent inutilement rebattus aux oreilles du chevalier. Il eût tout mis en œuvre pour recouvrer sa femme, excepté la violence. Cependant Mme de La Carlière était une femme vénérée ; et du centre de ces voix qui la blâmaient, il s'en élevait quelques-unes qui hasardaient un mot de défense ; mais un mot bien timide, bien faible, bien réservé, moins de conviction que d'honnêteté.

— Dans les circonstances les plus équivoques, le parti de l'honnêteté se grossit sans cesse de transfuges.

— C'est bien vu.

— Le malheur qui dure réconcilie avec tous les hommes, et la perte des charmes d'une belle femme la réconcilie avec toutes les autres.

— Encore mieux. En effet, lorsque la belle Mme de La Carlière ne présenta plus que son squelette, le propos de la commisération se mêla à celui du blâme. « S'éteindre à la fleur de son âge, passer ainsi, et cela par la trahison d'un homme qu'elle avait bien averti, qui devait la connaître, et qui n'avait qu'un seul moyen d'acquitter tout ce qu'elle avait fait pour lui ; car, entre nous, lorsque Desroches l'épousa, c'était un cadet de Bretagne qui n'avait que la cape et l'épée... La pauvre Mme de La Carlière ! cela est pourtant bien triste...

Mais aussi, pourquoi ne pas retourner avec lui ?... Ah ! pourquoi ? C'est que chacun a son caractère, et qu'il serait peut-être à souhaiter que celui-là fût plus commun ; nos seigneurs et maîtres y regarderaient à deux fois. »

Tandis qu'on s'amusait ainsi pour et contre, en faisant du filet ou en brodant une veste, et que la balance penchait insensiblement en faveur de Mme de La Carlière, Desroches était tombé dans un état déplorable d'esprit et de corps, mais on ne le voyait pas ; il s'était retiré à la campagne, où il attendait, dans la douleur et dans l'ennui, un sentiment de pitié qu'il avait inutilement sollicité par toutes les voies de la soumission. De son côté, réduite au dernier degré d'appauvrissement et de faiblesse, Mme de La Carlière fut obligée de remettre à une mercenaire la nourriture de son enfant. L'accident qu'elle redoutait d'un changement de lait arriva ; de jour en jour l'enfant dépérit et mourut. Ce fut alors qu'on dit : « Savez-vous ? cette pauvre Mme de La Carlière a perdu son enfant... Elle doit en être inconsolable... Qu'appelez-vous inconsolable ? C'est un chagrin qui ne se conçoit pas. Je l'ai vue ; cela fait pitié ! on n'y tient pas... Et Desroches ?... Ne me parlez pas des hommes ; ce sont des tigres. Si cette femme lui était un peu chère, est-ce qu'il serait à la campagne ? est-ce qu'il n'aurait pas accouru ? est-ce qu'il ne l'obséderait pas dans les rues, dans les églises, à sa porte ? C'est qu'on se fait ouvrir une porte quand on le veut bien ; c'est qu'on y reste, qu'on y couche, qu'on y meurt... » C'est que Desroches n'avait omis aucune de ces choses, et qu'on l'ignorait ; car le point important n'est pas de savoir, mais de parler. On parlait donc... « L'enfant est mort... Qui sait si ce n'aurait pas été un monstre comme son père ?... La mère se meurt... Et le mari que fait-il pendant ce temps-là ?... Belle question ! Le jour, il court la forêt à la suite de ses chiens, et il passe la nuit à crapuler avec des espèces comme lui... »

— Fort bien.

— Autre événement. Desroches avait obtenu les honneurs de son état, lorsqu'il épousa. Mme de La Carlière avait exigé qu'il quittât le service, et qu'il cédât son régiment à son frère cadet.

— Est-ce que Desroches avait un cadet ?

— Non, mais bien Mme de La Carlière.

— Eh bien ?

— Eh bien, le jeune homme est tué à la première bataille ; et voilà qu'on s'écrie de tous côtés : « Le malheur est entré dans cette maison avec ce Desroches ! » A les entendre, on eût cru que le coup dont le jeune officier avait été tué, était parti de la main de Desroches. C'était un déchaînement, un déraisonnement aussi général qu'inconcevable. A mesure que les peines de Mme de La Carlière se succédaient, le caractère de Desroches se noircissait, sa trahison s'exagérait ; et, sans en être ni plus ni moins coupable, il en devenait de jour en jour plus odieux. Vous croyez que c'est tout ? Non, non. La mère de Mme de La Carlière avait ses soixante-seize ans passés. Je conçois que la mort de son petit-fils et le spectacle assidu de la douleur de sa fille suffisaient pour abréger ses jours ; mais elle était décrépite, mais elle était infirme. N'importe : on oublia sa vieillesse et ses infirmités ; et Desroches fut encore responsable de sa mort. Pour le coup, on trancha le mot ; et ce fut un misérable, dont Mme de La Carlière ne pouvait se rapprocher, sans fouler aux pieds toute pudeur ; le meurtrier de sa mère, de son frère, de son fils !

— Mais, d'après cette belle logique, si Mme de La Carlière fût morte, surtout après une maladie longue et douloureuse, qui eût permis à l'injustice et à la haine publiques de faire tous leurs progrès, ils auraient dû le regarder comme l'exécrable assassin de toute une famille.

— C'est ce qui arriva, et ce qu'ils firent.

— Bon !

— Si vous ne m'en croyez pas, adressez-vous à

quelques-uns de ceux qui sont ici ; et vous verrez comment ils s'en expliqueront. S'il est resté seul dans le salon, c'est qu'au moment où il s'est présenté, chacun lui a tourné le dos.

— Pourquoi donc ? On sait qu'un homme est un coquin ; mais cela n'empêche pas qu'on ne l'accueille.

— L'affaire est un peu récente ; et tous ces gens-là sont les parents ou les amis de la défunte. Mme de La Carlière mourut, la seconde fête de la Pentecôte dernière, et savez-vous où ? A Saint-Eustache, à la messe de la paroisse, au milieu d'un peuple nombreux.

— Mais quelle folie ! On meurt dans son lit. Qui est-ce qui s'est jamais avisé de mourir à l'église ? Cette femme avait projeté d'être bizarre jusqu'au bout.

— Oui, bizarre ; c'est le mot. Elle se trouvait un peu mieux. Elle s'était confessée la veille. Elle se croyait assez de force pour aller recevoir le sacrement à l'église, au lieu de l'appeler chez elle. On la porte dans une chaise. Elle entend l'office, sans se plaindre et sans paraître souffrir. Le moment de la communion arrive. Ses femmes lui donnent le bras, et la conduisent à la sainte table. Le prêtre la communie, elle s'incline comme pour se recueillir, et elle expire.

— Elle expire !...

— Oui, elle expire bizarrement, comme vous l'avez dit.

— Et Dieu sait le tumulte !

— Laissons cela ; on le conçoit de reste, et venons à la suite.

— C'est que cette femme en devint cent fois plus intéressante, et son mari cent fois plus abominable.

— Cela va sans dire.

— Et ce n'est pas tout ?

— Non, le hasard voulut que Desroches se trouvât sur le passage de Mme de La Carlière, lorsqu'on la transférait morte de l'église dans sa maison.

— Tout semble conspirer contre ce pauvre diable.

— Il approche, il reconnaît sa femme ; il pousse des cris. On demande qui est cet homme. Du milieu de la foule il s'élève une voix indiscrète (c'était celle d'un prêtre de la paroisse), qui dit : « C'est l'assassin de cette femme. » Desroches ajoute, en se tordant les bras, en s'arrachant les cheveux : « Oui, oui, je le suis. » A l'instant, on s'attroupe autour de lui ; on le charge d'imprécations ; on ramasse des pierres ; et c'était un homme assommé sur la place, si quelques honnêtes gens ne l'avaient sauvé de la fureur de la populace irritée.

— Et quelle avait été sa conduite pendant la maladie de sa femme ?

— Aussi bonne qu'elle pouvait l'être. Trompé, comme nous tous, par Mme de La Carlière, qui dérobait aux autres, et qui peut-être se dissimulait à elle-même sa fin prochaine...

— J'entends ; il n'en fut pas moins un barbare, un inhumain.

— Une bête féroce, qui avait enfoncé peu à peu un poignard dans le sein d'une femme divine, son épouse et sa bienfaitrice, et qu'il avait laissé périr sans se montrer, sans donner le moindre signe d'intérêt et de sensibilité.

— Et cela pour n'avoir pas su ce qu'on lui cachait.

— Et ce qui était ignoré de ceux mêmes qui vivaient autour d'elle.

— Et qui étaient à portée de la voir tous les jours.

— Précisément ; et voilà ce que c'est que le jugement public de nos actions particulières ; voilà comme une faute légère...

— Oh ! très légère.

— S'aggrave à leurs yeux par une suite d'événements qu'il était de toute impossibilité de prévoir et d'empêcher.

— Même par des circonstances tout à fait étrangères à la première origine ; telles que la mort du frère de Mme de La Carlière, par la cession du régiment de Desroches.

— C'est qu'ils sont, en bien comme en mal, alternativement panégyristes ridicules ou censeurs absurdes. L'événement est toujours la mesure de leur éloge et de leur blâme. Mon ami, écoutez-les, s'ils ne vous ennuient pas ; mais ne les croyez point, et ne les répétez jamais, sous peine d'appuyer une impertinence de la vôtre. A quoi pensez-vous donc ? vous rêvez.

— Je change la thèse, en supposant un procédé plus ordinaire à Mme de La Carlière. Elle trouve les lettres ; elle boude. Au bout de quelques jours, l'humeur amène une explication, et l'oreiller un raccommodement, comme c'est l'usage. Malgré les excuses, les protestations et les serments renouvelés, le caractère léger de Desroches le rentraîne dans une seconde erreur. Autre bouderie, autre explication, autre raccommodement, autres serments, autres parjures, et ainsi de suite pendant une trentaine d'années, comme c'est l'usage. Cependant Desroches est un galant homme, qui s'occupe à réparer, par des égards multipliés, par une complaisance sans bornes, une assez petite injure.

— Comme il n'est pas toujours d'usage.

— Point de séparation, point d'éclat ; ils vivent ensemble comme nous vivons tous ; et la belle-mère, et la mère, et le frère, et l'enfant, seraient morts, qu'on n'en aurait pas sonné le mot.

— Ou qu'on n'en aurait parlé que pour plaindre un infortuné poursuivi par le sort et accablé de malheurs.

— Il est vrai.

— D'où je conclus que vous n'êtes pas loin d'accorder à cette vilaine bête, à cent mille mauvaises têtes et à autant de mauvaises langues, tout le mépris qu'elle mérite. Mais tôt ou tard le sens commun lui revient, et le discours de l'avenir rectifie le bavardage du présent.

— Ainsi vous croyez qu'il y aura un moment

où la chose sera vue telle qu'elle est, Mme de La Carlière accusée et Desroches absous ?

— Je ne pense pas même que ce moment soit éloigné ; premièrement, parce que les absents ont tort, et qu'il n'y a pas d'absent plus absent qu'un mort ; secondement, c'est qu'on parle, on dispute ; les aventures les plus usées reparaissent en conversation et sont pesées avec moins de partialité : c'est qu'on verra peut-être encore dix ans ce pauvre Desroches, comme vous l'avez vu, traînant de maison en maison sa malheureuse existence ; qu'on se rapprochera de lui ; qu'on l'interrogera ; qu'on l'écoutera ; qu'il n'aura plus aucune raison de se taire ; qu'on saura le fond de son histoire ; qu'on réduira sa première sottise à rien.

— A ce qu'elle vaut.

— Et que nous sommes assez jeunes tous deux pour entendre traiter la belle, la grande, la vertueuse, la digne Mme de La Carlière d'inflexible et hautaine bégueule ; car ils se poussent tous les uns les autres ; et comme ils n'ont point de règles dans leurs jugements, ils n'ont pas plus de mesure dans leur expression.

— Mais si vous aviez une fille à marier, la donneriez-vous à Desroches ?

— Sans délibérer, parce que le hasard l'avait engagé dans un de ces pas glissants dont ni vous, ni moi, ni personne ne peut se promettre de se tirer ; parce que l'amitié, l'honnêteté, la bienfaisance, toutes les circonstances possibles, avaient préparé sa faute et son excuse ; parce que la conduite qu'il a tenue, depuis sa séparation volontaire d'avec sa femme, a été irrépréhensible, et que, sans approuver les maris infidèles, je ne prise pas autrement les femmes qui mettent tant d'importance à cette rare qualité. Et puis j'ai mes idées, peut-être justes, à coup sûr bizarres, sur certaines actions, que je regarde moins comme des vices de l'homme que comme des conséquences de nos législations absurdes, sources de mœurs aussi absurdes qu'elles, et d'une dépravation que j'appellerais volontiers artificielle. Cela n'est pas trop clair, mais cela s'éclaircira peut-être une autre fois, et regagnons notre gîte. J'entends d'ici les cris enroués de deux ou trois de nos vieilles brelandières qui vous appellent ; sans compter que voilà le jour qui tombe et la nuit qui s'avance avec ce nombreux cortège d'étoiles que je vous avais promis.

— Il est vrai.

ENTRETIEN D'UN PHILOSOPHE AVEC LA MARECHALE DE ***

J'avais je ne sais quelle affaire à traiter avec le maréchal de *** ; j'allai à son hôtel, un matin ; il était absent : je me fis annoncer à madame la maréchale. C'est une femme charmante ; elle est belle et dévote comme un ange ; elle a la douceur peinte sur son visage ; et puis, un son de voix et une naïveté de discours tout à fait avenants à sa physionomie. Elle était à sa toilette. On m'approche un fauteuil ; je m'assieds, et nous causons. Sur quelques propos de ma part, qui l'édifièrent et qui la surprirent (car elle était dans l'opinion que celui qui nie la très sainte Trinité est un homme de sac et de corde, qui finira par être pendu), elle me dit : N'êtes-vous pas monsieur Diderot ?

DIDEROT

Oui, madame.

LA MARÉCHALE

C'est donc vous qui ne croyez rien ?

DIDEROT

Moi-même.

LA MARÉCHALE

Cependant votre morale est d'un croyant.

DIDEROT

Pourquoi non, quand il est honnête homme ?

LA MARÉCHALE

Et cette morale-là, vous la pratiquez ?

DIDEROT

De mon mieux.

LA MARÉCHALE

Quoi ! vous ne volez point, vous ne tuez point, vous ne pillez point ?

DIDEROT

Très rarement.

LA MARÉCHALE

Que gagnez-vous donc à ne pas croire ?

DIDEROT

Rien du tout, madame la maréchale. Est-ce qu'on croit, parce qu'il y a quelque chose à gagner ?

LA MARÉCHALE

Je ne sais ; mais la raison d'intérêt ne gâte rien aux affaires de ce monde ni de l'autre.

DIDEROT

J'en suis un peu fâché pour notre pauvre espèce humaine. Nous ne valons pas mieux.

LA MARÉCHALE

Mais quoi ! vous ne volez point ?

DIDEROT

Non, d'honneur.

LA MARÉCHALE

Si vous n'êtes ni voleur ni assassin, convenez du moins que vous n'êtes pas conséquent.

DIDEROT

Pourquoi donc ?

LA MARÉCHALE

C'est qu'il me semble que si je n'avais rien à espérer ni à craindre, quand je n'y serai plus, il y a bien de petites douceurs dont je ne me priverais pas, à présent que j'y suis. J'avoue que je prête à Dieu à la petite semaine.

DIDEROT

Vous l'imaginez.

LA MARÉCHALE

Ce n'est point une imagination, c'est un fait.

DIDEROT

Et pourrait-on vous demander quelles sont ces choses que vous vous permettriez, si vous étiez incrédule ?

LA MARÉCHALE

Non pas, s'il vous plaît ; c'est un article de ma confession.

DIDEROT

Pour moi, je mets à fonds perdu.

LA MARÉCHALE

C'est la ressource des gueux.

DIDEROT

M'aimeriez-vous mieux usurier ?

LA MARÉCHALE

Mais oui ; on peut faire l'usure avec Dieu tant qu'on veut : on ne le ruine pas. Je sais bien que cela n'est pas délicat, mais qu'importe ? Comme le point est d'attraper le ciel, d'adresse ou de force, il faut tout porter en ligne de compte, ne négliger aucun profit. Hélas ! nous aurons beau faire, notre mise sera toujours bien mesquine en comparaison de la rentrée que nous attendons. Et vous n'attendez rien, vous ?

DIDEROT

Rien.

LA MARÉCHALE

Cela est triste. Convenez donc que vous êtes bien méchant ou bien fou !

DIDEROT

En vérité, je ne saurais, madame la maréchale.

LA MARÉCHALE

Quel motif peut avoir un incrédule d'être bon, s'il n'est pas fou ? Je voudrais bien le savoir.

DIDEROT

Et je vais vous le dire.

LA MARÉCHALE

Vous m'obligerez.

DIDEROT

Ne pensez-vous pas qu'on peut être si heureusement né, qu'on trouve un grand plaisir à faire le bien ?

LA MARÉCHALE

Je le pense.

DIDEROT

Qu'on peut avoir reçu une excellente éducation, qui fortifie le penchant naturel à la bienfaisance ?

LA MARÉCHALE

Assurément.

DIDEROT

Et que, dans un âge plus avancé, l'expérience nous ait convaincus, qu'à tout prendre, il vaut mieux, pour son bonheur dans ce monde, être un honnête homme qu'un coquin ?

LA MARÉCHALE

Oui-da ; mais comment est-on honnête homme, lorsque de mauvais principes se joignent aux passions pour entraîner au mal ?

DIDEROT

On est inconséquent : et y a-t-il rien de plus commun que d'être inconséquent !

LA MARÉCHALE

Hélas ! malheureusement, non : on croit, et tous les jours on se conduit comme si l'on ne croyait pas.

DIDEROT

Et sans croire, l'on se conduit à peu près comme si l'on croyait.

LA MARÉCHALE

A la bonne heure ; mais quel inconvénient y aurait-il à avoir une raison de plus, la religion, pour faire le bien, et une raison de moins, l'incrédulité, pour mal faire ?

DIDEROT

Aucun, si la religion était un motif de faire le bien, et l'incrédulité un motif de faire le mal.

LA MARÉCHALE

Est-ce qu'il y a quelque doute là-dessus ? Est-ce que l'esprit de religion n'est pas de contrarier sans cesse cette vilaine nature corrompue ; et celui de l'incrédulité, de l'abandonner à sa malice, en l'affranchissant de la crainte ?

DIDEROT

Ceci, madame la maréchale, va nous jeter dans une longue discussion.

LA MARÉCHALE

Qu'est-ce que cela fait ? Le maréchal ne rentrera pas sitôt ; et il vaut mieux que nous parlions raison, que de médire de notre prochain.

DIDEROT

Il faudra que je reprenne les choses d'un peu haut.

LA MARÉCHALE

De si haut que vous voudrez, pourvu que je vous entende.

DIDEROT

Si vous ne m'entendiez pas, ce serait bien ma faute.

LA MARÉCHALE

Cela est poli ; mais il faut que vous sachiez que je n'ai jamais lu que mes heures, et que je ne me suis guère occupée qu'à pratiquer l'Evangile et à faire des enfants.

DIDEROT

Ce sont deux devoirs dont vous vous êtes bien acquittée.

LA MARÉCHALE

Oui, pour les enfants : vous en avez trouvé six autour de moi, et dans quelques jours vous en pourriez voir un de plus sur mes genoux ; mais commencez.

DIDEROT

Madame la maréchale, y a-t-il quelque bien, dans ce monde-ci, qui soit sans inconvénient ?

LA MARÉCHALE

Aucun.

DIDEROT

Et quelque mal qui soit sans avantage ?

LA MARÉCHALE

Aucun.

DIDEROT

Qu'appelez-vous donc mal ou bien ?

LA MARÉCHALE

Le mal, ce sera ce qui a plus d'inconvénients que

d'avantages ; et le bien, au contraire, ce qui a plus d'avantages que d'inconvénients.

DIDEROT

Madame la maréchale aura-t-elle la bonté de se souvenir de sa définition du bien et du mal ?

LA MARÉCHALE

Je m'en souviendrai. Vous appelez cela une définition ?

DIDEROT

Oui.

LA MARÉCHALE

C'est donc de la philosophie ?

DIDEROT

Excellente.

LA MARÉCHALE

Et j'ai fait de la philosophie !

DIDEROT

Ainsi, vous êtes persuadée que la religion a plus d'avantages que d'inconvénients ; et c'est pour cela que vous l'appelez un bien ?

LA MARÉCHALE

Oui.

DIDEROT

Pour moi, je ne doute point que votre intendant ne vous vole un peu moins la veille de Pâques que le lendemain des fêtes ; et que de temps en temps la religion n'empêche nombre de petits maux et ne produise nombre de petits biens.

LA MARÉCHALE

Petit à petit, cela fait somme.

DIDEROT

Mais croyez-vous que les terribles ravages qu'elle a causés dans les temps passés, et qu'elle causera dans les temps à venir, soient suffisamment compensés par ces guenilleux avantages-là ? Songez qu'elle a créé et qu'elle perpétue la plus violente antipathie entre les nations. Il n'y a pas un musulman qui n'imaginât faire une action agréable à Dieu et à son Prophète, en exterminant tous les chrétiens, qui, de leur côté, ne sont guère plus tolérants. Songez qu'elle a créé et qu'elle perpétue dans une même contrée, des divisions qui se sont rarement éteintes sans effusion de sang. Notre histoire ne nous en offre que de trop récents et trop funestes exemples. Songez qu'elle a créé et qu'elle perpétue dans la société entre les citoyens, et dans les familles entre les proches, les haines les plus fortes et les plus constantes. Le Christ a dit qu'il était venu pour séparer l'époux de la femme, la mère de ses enfants, le frère de sa sœur, l'ami de l'ami ; et sa prédiction ne s'est que trop fidèlement accomplie.

LA MARÉCHALE

Voilà bien les abus ; mais ce n'est pas la chose.

DIDEROT

C'est la chose, si les abus en sont inséparables.

LA MARÉCHALE

Et comment me montrerez-vous que les abus de la religion sont inséparables de la religion ?

DIDEROT

Très aisément : dites-moi, si un misanthrope s'était proposé de faire le malheur du genre humain, qu'aurait-il pu inventer de mieux que la croyance en un être incompréhensible, sur lequel les hommes n'auraient jamais pu s'entendre, et auquel ils auraient attaché plus d'importance qu'à leur vie ? Or est-il possible de séparer de la notion d'une divinité l'incompréhensibilité la plus profonde et l'importance la plus grande ?

LA MARÉCHALE

Non.

DIDEROT

Concluez donc.

LA MARÉCHALE

Je conclus que c'est une idée qui n'est pas sans conséquence dans la tête des fous.

DIDEROT

Et ajoutez que les fous ont toujours été et seront toujours le plus grand nombre ; et que les plus dangereux ce sont ceux que la religion fait, et dont les perturbateurs de la société savent tirer bon parti dans l'occasion.

LA MARÉCHALE

Mais il faut quelque chose qui effraye les hommes sur les mauvaises actions qui échappent à la sévérité des lois ; et si vous détruisez la religion, que lui substituerez-vous ?

DIDEROT

Quand je n'aurais rien à mettre à la place, ce serait toujours un terrible préjugé de moins ; sans compter que, dans aucun siècle et chez aucune nation, les opinions religieuses n'ont servi de base aux mœurs nationales. Les dieux qu'adoraient ces vieux Grecs et ces vieux Romains, les plus honnêtes gens de la terre, étaient la canaille la plus dissolue : un Jupiter, à brûler tout vif ; une Vénus, à enfermer à l'Hôpital ; un Mercure, à mettre à Bicêtre.

LA MARÉCHALE

Et vous pensez qu'il est tout à fait indifférent que nous soyons chrétiens ou païens ; que païens, nous n'en vaudrions pas moins ; et que chrétiens, nous n'en valons pas mieux.

DIDEROT

Ma foi, j'en suis convaincu, à cela près que nous serions un peu plus gais.

LA MARÉCHALE

Cela ne se peut.

DIDEROT

Mais, madame la maréchale, est-ce qu'il y a des chrétiens ? Je n'en ai jamais vu.

LA MARÉCHALE

Et c'est à moi que vous dites cela, à moi ?

DIDEROT

Non, madame, ce n'est pas à vous ; c'est à une de mes voisines qui est honnête et pieuse comme vous l'êtes, et qui se croyait chrétienne de la meilleure foi du monde, comme vous vous le croyez.

LA MARÉCHALE

Et vous lui fîtes voir qu'elle avait tort ?

DIDEROT

En un instant.

LA MARÉCHALE

Comment vous y prîtes-vous ?

DIDEROT

J'ouvris un Nouveau Testament, dont elle s'était beaucoup servie, car il était fort usé. Je lui lus le sermon sur la montagne, et à chaque article je lui demandai : « Faites-vous cela ? et cela donc ? et cela encore ? » J'allai plus loin. Elle est belle, et quoiqu'elle soit très dévote, elle ne l'ignore pas ; elle a la peau très blanche, et quoiqu'elle n'attache pas un grand prix à ce frêle avantage, elle n'est pas fâchée qu'on en fasse l'éloge ; elle a la gorge aussi bien qu'il soit possible de l'avoir, et, quoiqu'elle soit très modeste, elle trouve bon qu'on s'en aperçoive.

LA MARÉCHALE

Pourvu qu'il n'y ait qu'elle et son mari qui le sachent.

DIDEROT

Je crois que son mari le sait mieux qu'un autre ; mais pour une femme qui se pique de grand christianisme, cela ne suffit pas. Je lui dis : « N'est-il pas écrit dans l'Evangile, que celui qui a convoité la femme de son prochain, a commis l'adultère dans son cœur ? »

LA MARÉCHALE

Elle vous répondit que oui ?

DIDEROT

Je lui dis : « Et l'adultère commis dans le cœur ne damne-t-il pas aussi sûrement qu'un adultère mieux conditionné ? »

LA MARÉCHALE

Elle vous répondit encore que oui ?

DIDEROT

Je lui dis : « Et si l'homme est damné pour l'adultère qu'il a commis dans le cœur, quel sera le sort de la femme qui invite tous ceux qui l'approchent à commettre ce crime ? » Cette dernière question l'embarrassa.

LA MARÉCHALE

Je comprends ; c'est qu'elle ne voilait pas fort exactement cette gorge, qu'elle avait aussi bien qu'il est possible de l'avoir.

DIDEROT

Il est vrai. Elle me répondit que c'était une chose d'usage ; comme si rien n'était plus d'usage que de s'appeler chrétien, et de ne l'être pas ; qu'il ne fallait pas se vêtir ridiculement, comme s'il y avait quelque comparaison à faire entre un misérable petit ridicule, sa damnation éternelle et celle de son prochain ; qu'elle se laissait habiller par sa couturière, comme s'il ne valait pas mieux changer de couturière que renoncer à sa religion ; que c'était la fantaisie de son mari, comme si un époux était assez insensé d'exiger de sa femme l'oubli de la décence et de ses devoirs, et qu'une véritable chrétienne dût pousser l'obéissance pour un époux extravagant jusqu'au sacrifice de la volonté de son Dieu et au mépris des menaces de son rédempteur !

LA MARÉCHALE

Je savais d'avance toutes ces puérilités-là ; je vous les aurais peut-être dites comme votre voisine : mais elle et moi nous aurions été toutes deux de mauvaise foi. Mais quel parti prit-elle d'après votre remontrance ?

DIDEROT

Le lendemain de cette conversation (c'était un jour de fête), je remontais chez moi, et ma dévote et belle voisine descendait de chez elle pour aller à la messe.

LA MARÉCHALE

Vêtue comme de coutume ?

DIDEROT

Vêtue comme de coutume. Je souris, elle sourit ; et nous passâmes l'un à côté de l'autre sans nous parler. Madame la maréchale, une honnête femme ! une chrétienne ! une dévote ! Après cet exemple, et cent mille autres de la même espèce, quelle influence réelle puis-je accorder à la religion sur les mœurs ? Presque aucune, et tant mieux.

LA MARÉCHALE

Comment, tant mieux ?

DIDEROT

Oui, madame : s'il prenait en fantaisie à vingt mille habitants de Paris de conformer strictement leur conduite au sermon sur la montagne...

LA MARÉCHALE

Eh bien ! il y aurait quelques belles gorges plus couvertes.

DIDEROT

Et tant de fous que le lieutenant de police ne saurait qu'en faire ; car nos Petites-Maisons n'y suffiraient pas. Il y a dans les livres inspirés deux morales : l'une générale et commune à toutes les nations, à tous les cultes, et qu'on suit à peu près ; une autre, propre à chaque nation et à chaque culte, à laquelle on croit, qu'on prêche dans les temples, qu'on préconise dans les maisons, et qu'on ne suit point du tout.

LA MARÉCHALE

Et d'où vient cette bizarrerie ?

DIDEROT

De ce qu'il est impossible d'assujettir un peuple à une règle qui ne convient qu'à quelques hommes mélancoliques, qui l'ont calquée sur leur caractère. Il en est des religions comme des institutions monastiques, qui toutes se relâchent avec le temps. Ce sont des folies qui ne peuvent tenir contre l'impulsion constante de la nature, qui nous ramène sous sa loi. Et faites que le bien des particuliers soit si étroitement lié avec le bien général, qu'un citoyen ne puisse presque pas nuire à la société sans se nuire à lui-même ; assurez à la vertu sa récompense, comme vous avez assuré à la méchanceté son châtiment ; que sans aucune distinction de culte, dans quelque condition que le mérite se trouve, il conduise aux grandes places de l'Etat ; et ne comptez plus sur d'autres méchants que sur un petit nombre d'hommes, qu'une nature perverse que rien ne peut corriger entraîne au vice. Madame la maréchale, la tentation est trop proche ; et l'enfer est trop loin : n'attendez rien qui vaille la peine qu'un sage législateur s'en occupe, d'un système d'opinions bizarres qui n'en impose qu'aux enfants ; qui encourage au crime par la commodité des expiations ; qui envoie le coupable demander pardon à Dieu de l'injure faite à l'homme, et qui avilit l'ordre des devoirs naturels et moraux, en le subordonnant à un ordre de devoirs chimériques.

LA MARÉCHALE

Je ne vous comprends pas.

DIDEROT

Je m'explique ; mais il me semble que voilà le carrosse de M. le maréchal, qui rentre fort à propos pour m'empêcher de dire une sottise.

LA MARÉCHALE

Dites, dites votre sottise, je ne l'entendrai pas ; je me suis accoutumée à n'entendre que ce qu'il me plaît.

DIDEROT

Je m'approchai de son oreille, et je lui dis tout bas : Madame la maréchale, demander au vicaire de votre paroisse, de ces deux crimes, pisser dans un vase sacré, ou noircir la réputation d'une femme honnête, quel est le plus atroce ? Il frémira d'horreur au premier, criera au sacrilège ; et la loi civile, qui prend à peine connaissance de la calomnie, tandis qu'elle punit le sacrilège par le feu, achèvera de brouiller les idées et de corrompre les esprits.

LA MARÉCHALE

Je connais plus d'une femme qui se ferait un scrupule de manger gras un vendredi, et qui... j'allais dire aussi ma sottise. Continuez.

DIDEROT

Mais, madame, il faut absolument que je parle à M. le maréchal.

LA MARÉCHALE

Encore un moment, et puis nous l'irons voir ensemble. Je ne sais trop que vous répondre, et cependant vous ne me persuadez pas.

DIDEROT

Je ne me suis pas proposé de vous persuader. Il en est de la religion comme du mariage. Le mariage, qui fait le malheur de tant d'autres, a fait votre bonheur et celui de M. le maréchal ; vous avez très bien fait de vous marier tous deux. La religion, qui a fait, qui fait et qui fera tant de méchants, vous a rendue meilleure encore ; vous faites bien de la garder. Il vous est doux d'imaginer à côté de vous, au-dessus de votre tête, un être grand et puissant, qui vous voit marcher sur la terre, et cette idée affermit vos pas. Continuez, madame, à jouir de ce garant auguste de vos pensées, de ce spectateur, de ce modèle sublime de vos actions.

LA MARÉCHALE

Vous n'avez pas, à ce que je vois, la manie du prosélytisme.

DIDEROT

Aucunement.

LA MARÉCHALE

Je vous en estime davantage.

DIDEROT

Je permets à chacun de penser à sa manière, [pourvu qu'on me laisse penser à la mienne] ; et puis, ceux qui sont faits pour se délivrer de ces préjugés n'ont guère besoin qu'on les catéchise.

LA MARÉCHALE

Croyez-vous que l'homme puisse se passer de la superstition ?

DIDEROT

Non, tant qu'il restera ignorant et peureux.

LA MARÉCHALE

Eh bien ! superstition pour superstition, autant la nôtre qu'une autre.

DIDEROT

Je ne le pense pas.

LA MARÉCHALE

Parlez-moi vrai, ne vous répugne-t-il point à n'être plus rien après votre mort ?

DIDEROT

J'aimerais mieux exister, bien que je ne sache pas pourquoi un être, qui a pu me rendre malheureux sans raison, ne s'en amuserait pas deux fois.

LA MARÉCHALE

Si, malgré cet inconvénient, l'espoir d'une vie à venir vous paraît consolant et doux, pourquoi nous l'arracher ?

DIDEROT

Je n'ai pas cet espoir, parce que le désir ne m'en a point dérobé la vanité ; mais je ne l'ôte à personne. Si l'on peut croire qu'on verra, quand on n'aura plus d'yeux ; qu'on entendra, quand on n'aura plus d'oreilles ; qu'on pensera, quand on n'aura plus de tête ; qu'on aimera, quand on n'aura plus de cœur ; qu'on sentira, quand on n'aura plus de sens ; qu'on existera, quand on ne sera nulle part ; qu'on sera quelque chose, sans étendue et sans lieu, j'y consens.

LA MARÉCHALE

Mais ce monde-ci, qui est-ce qui l'a fait ?

DIDEROT

Je vous le demande.

LA MARÉCHALE

C'est Dieu.

DIDEROT

Et qu'est-ce que Dieu ?

LA MARÉCHALE

Un esprit.

DIDEROT

Si un esprit fait de la matière, pourquoi de la matière ne ferait-elle pas un esprit ?

LA MARÉCHALE

Et pourquoi le ferait-elle ?

DIDEROT

C'est que je lui en vois faire tous les jours. Croyez-vous que les bêtes aient des âmes ?

LA MARÉCHALE

Certainement, je le crois.

DIDEROT

Et pourriez-vous me dire ce que devient, par exemple, l'âme du serpent du Pérou, pendant qu'il se dessèche, [suspendu dans une cheminée, et exposé] à la fumée un ou deux ans de suite ?

LA MARÉCHALE

Qu'elle devienne ce qu'elle voudra, qu'est-ce que cela me fait ?

DIDEROT

C'est que madame la maréchale ne sait pas que ce serpent enfumé, desséché, ressuscite et renaît.

LA MARÉCHALE

Je n'en crois rien.

DIDEROT

C'est pourtant un habile homme, c'est Bouguer qui l'assure.

LA MARÉCHALE

Votre habile homme a menti.

DIDEROT

S'il avait dit vrai ?

LA MARÉCHALE

J'en serais quitte pour croire que les animaux sont des machines.

DIDEROT

Et l'homme qui n'est qu'un animal un peu plus parfait qu'un autre... Mais, M. le maréchal...

LA MARÉCHALE

Encore une question, et c'est la dernière. Etes-vous bien tranquille dans votre incrédulité ?

DIDEROT

On ne saurait davantage.

LA MARÉCHALE

Pourtant, si vous vous trompiez ?

DIDEROT

Quand je me tromperais ?

LA MARÉCHALE

Tout ce que vous croyez faux serait vrai, et vous seriez damné. Monsieur Diderot, c'est une terrible chose que d'être damné ; brûler toute une éternité, c'est bien long.

DIDEROT

La Fontaine croyait que nous nous y ferions comme le poisson dans l'eau.

LA MARÉCHALE

Oui, oui ; mais votre La Fontaine devint bien sérieux au dernier moment ; et c'est où je vous attends.

DIDEROT

Je ne réponds de rien, quand ma tête n'y sera plus ; mais si je finis par une de ces maladies qui laissent à l'homme agonisant toute sa raison, je ne serai pas plus troublé au moment où vous m'attendez qu'au moment où vous me voyez.

LA MARÉCHALE

Cette intrépidité me confond.

DIDEROT

J'en trouve bien davantage au moribond qui croit en un juge sévère qui pèse jusqu'à nos plus secrètes pensées, et dans la balance duquel l'homme le plus juste se perdrait par sa vanité, s'il ne tremblait de se trouver trop léger : si ce moribond avait alors à son choix, ou d'être anéanti, ou de se présenter à ce tribunal, son intrépidité me confondrait bien autrement s'il balançait à prendre le premier parti, à moins qu'il ne fût plus insensé que le compagnon de saint Bruno, ou plus ivre de son mérite que Bohola.

LA MARÉCHALE

J'ai lu l'histoire de l'associé de saint Bruno ; mais je n'ai jamais entendu parler de votre Bohola.

DIDEROT

C'était un jésuite de Pinsk, en Lituanie, qui laissa en mourant une cassette pleine d'argent, avec un billet écrit et signé de sa main.

LA MARÉCHALE

Et ce billet ?

DIDEROT

Etait conçu en ces termes : « Je prie mon cher confrère, dépositaire de cette cassette, de l'ouvrir lorsque j'aurai fait des miracles. L'argent qu'elle contient servira aux frais du procès de ma béatification. J'y ai ajouté quelques mémoires authentiques pour la confirmation de mes vertus, et qui pourront servir utilement à ceux qui entreprendront d'écrire ma vie. »

LA MARÉCHALE

Cela est à mourir de rire.

DIDEROT

Pour moi, madame la maréchale ; mais pour vous, votre Dieu n'entend pas raillerie.

LA MARÉCHALE

Vous avez raison.

DIDEROT

Madame la maréchale, il est bien facile de pécher grièvement contre votre loi.

LA MARÉCHALE

J'en conviens.

DIDEROT

La justice qui décidera de votre sort est bien rigoureuse.

LA MARÉCHALE

Il est vrai.

DIDEROT

Ei si vous en croyez les oracles de votre religion sur le nombre des élus, il est bien petit.

LA MARÉCHALE

Oh ! c'est que je ne suis pas janséniste ; je ne vois la médaille que par son revers consolant : le sang de Jésus-Christ couvre un grand espace à mes yeux ; et il me semblerait très singulier que le diable, qui n'a pas livré son fils à la mort, eût pourtant la meilleure part.

DIDEROT

Damnez-vous Socrate, Phocion, Aristide, Caton, Trajan, Marc-Aurèle ?

LA MARÉCHALE

Fi donc ! il n'y a que des bêtes féroces qui puissent le penser. Saint Paul dit que chacun sera jugé par la loi qu'il a connue ; et saint Paul a raison.

DIDEROT

Et par quelle loi l'incrédule sera-t-il jugé ?

LA MARÉCHALE

Votre cas est un peu différent. Vous êtes un peu de ces habitants maudits de Corozaïn et de Betzaïda, qui fermèrent leurs yeux à la lumière qui les éclairait, et qui étoupèrent leurs oreilles pour ne pas entendre la voix de la vérité qui leur parlait.

DIDEROT

Madame la maréchale, ces Corozaïnois et ces Betzaïdains furent des hommes comme il n'y en eut jamais que là, s'ils furent maîtres de croire ou de ne pas croire.

LA MARÉCHALE

Ils virent des prodiges qui auraient mis l'enchère aux sacs et à la cendre, s'ils avaient été faits à Tyr et à Sidon.

DIDEROT

C'est que les habitants de Tyr et de Sidon étaient des gens d'esprit, et que ceux de Corozaïn et de Betzaïda n'étaient que des sots. Mais est-ce que celui qui fit les sots les punira pour avoir été sots ? Je vous ai fait tout à l'heure une histoire, et il me prend envie de vous faire un conte. Un jeune Mexicain... Mais M. le maréchal ?

LA MARÉCHALE

Je vais envoyer savoir s'il est visible. Eh bien ! votre Mexicain ?

DIDEROT

Las de son travail, se promenait un jour au bord de la mer. Il voit une planche qui trempait d'un bout dans les eaux, et qui de l'autre posait sur le rivage. Il s'assied sur cette planche, et là, prolongeant ses regards sur la vaste étendue qui se déployait devant lui, il se disait : Rien n'est plus vrai que ma grand-mère radote avec son histoire de je ne sais quels habitants qui, dans je ne sais quel temps, abordèrent ici de je ne sais où, d'une contrée au-delà de nos mers. Il n'y a pas le sens commun dans ce qu'elle en raconte ; et quand il y aurait le sens commun, ne vois-je pas la mer confiner avec le ciel ? Et puis-je croire, contre le témoignage de mes sens, une vieille fable dont on ignore la date, que chacun arrange à sa manière, et qui n'est qu'un tissu de circonstances absurdes, sur lesquelles ils se mangent le cœur et s'arrachent le blanc des yeux ? Tandis qu'il raisonnait ainsi, les eaux agitées le berçaient sur sa planche, et il s'endormit. Pendant qu'il dort, le vent s'accroît, le flot soulève la planche sur laquelle il est étendu, et voilà notre jeune raisonneur embarqué.

LA MARÉCHALE

Hélas ! c'est bien là notre image : nous sommes chacun sur notre planche ; le vent souffle, et le flot nous emporte.

DIDEROT

Il était déjà loin du continent lorsqu'il s'éveilla. Qui fut bien surpris de se trouver en pleine mer ? ce fut notre Mexicain. Qui le fut bien davantage ?

ce fut encore lui, lorsque ayant perdu de vue le rivage sur lequel il se promenait il n'y a qu'un instant, la mer lui parut confiner avec le ciel de tous côtés. Alors il soupçonna qu'il pourrait bien s'être trompé ; et que, si le vent restait au même point, peut-être serait-il porté sur la rive, et parmi ces habitants dont sa grand-mère l'avait si souvent entretenu.

LA MARÉCHALE

Et de son souci, vous n'en dites mot.

DIDEROT

Il n'en eut point. Il se dit : Qu'est-ce que cela me fait, pourvu que j'aborde ? J'ai raisonné comme un étourdi, soit ; mais j'ai été sincère avec moi-même ; et c'est tout ce qu'on peut exiger de moi. Si ce n'est pas une vertu que d'avoir de l'esprit, ce n'est pas un crime d'en manquer. Cependant le vent continuait, l'homme et la planche voguaient, et la rive inconnue commençait à paraître : il y touche, et l'y voilà.

LA MARÉCHALE

Nous nous y reverrons un jour, monsieur Diderot.

DIDEROT

Je le souhaite, madame la maréchale ; en quelque endroit que ce soit, je serai toujours très flatté de vous faire ma cour. A peine eut-il quitté sa planche, et mis le pied sur le sable, qu'il aperçut un vieillard vénérable, debout à ses côtés. Il lui demanda où il était, et à qui il avait l'honneur de parler : « Je suis le souverain de la contrée », lui répondit le vieillard. A l'instant le jeune homme se prosterne. « Relevez-vous, lui dit le vieillard. Vous aviez nié mon existence ? — Il est vrai. — Et celle de mon empire ? — Il est vrai. — Je vous le pardonne, parce que je suis celui qui voit le fond des cœurs, et que j'ai lu au fond du vôtre que vous étiez de bonne foi ; mais le reste de vos pensées et de vos actions n'est pas également innocent. » Alors le vieillard, qui le tenait par l'oreille, lui rappelait toutes les erreurs de sa vie ; et, à chaque article, le jeune Mexicain s'inclinait, se frappait la poitrine, et demandait pardon... Là, madame la maréchale, mettez-vous pour un moment à la place du vieillard, et dites-moi ce que vous auriez fait ? Auriez-vous pris ce jeune insensé par les cheveux ; et vous seriez-vous complu à le traîner à toute éternité sur le rivage ?

LA MARÉCHALE

En vérité, non.

DIDEROT

Si un de ces six jolis enfants que vous avez, après s'être échappé de la maison paternelle et avoir fait force sottises, y revenait bien repentant ?

LA MARÉCHALE

Moi, je courrais à sa rencontre ; je le ser[re]rais entre mes bras, et je l'arroserais de mes larmes ; mais M. le maréchal son père ne prendrait pas la chose si doucement.

DIDEROT

M. le maréchal n'est pas un tigre.

LA MARÉCHALE

Il s'en faut bien.

DIDEROT

Il se ferait peut-être un peu tirailler ; mais il pardonnerait.

LA MARÉCHALE

Certainement.

DIDEROT

Surtout s'il venait à considérer qu'avant de donner la naissance à cet enfant, il en savait toute la vie, et que le châtiment de ses fautes serait sans aucune utilité ni pour lui-même, ni pour le coupable, ni pour ses frères.

LA MARÉCHALE

Le vieillard et M. le maréchal sont deux.

DIDEROT

Vous voulez dire que M. le maréchal est meilleur que le vieillard ?

LA MARÉCHALE

Dieu m'en garde ! Je veux dire que, si ma justice n'est pas celle de M. le maréchal, la justice de M. le maréchal pourrait bien n'être pas celle du vieillard.

DIDEROT

Ah ! madame ! vous ne sentez pas les suites de cette réponse. Ou la définition générale de la justice convient également à vous, à M. le maréchal, à moi, au jeune Mexicain et au vieillard ; ou je ne sais plus ce que c'est, et j'ignore comment on plaît ou l'on déplaît à ce dernier.

Nous en étions là lorsqu'on nous avertit que M. le maréchal nous attendait. Je donnai la main à Mme la maréchale, qui me disait : C'est à faire tourner la tête, n'est-ce pas ?

DIDEROT

Pourquoi donc, quand on l'a bonne ?

LA MARÉCHALE

Après tout, le plus court est de se conduire comme si le vieillard existait.

DIDEROT

Même quand on n'y croit pas.

LA MARÉCHALE

Et quand on y croit, de ne pas trop compter sur sa bonté.

DIDEROT

Si ce n'est pas le plus poli, c'est du moins le plus sûr.

LA MARÉCHALE

A propos, si vous aviez à rendre compte de vos principes à nos magistrats, les avoueriez-vous ?

DIDEROT

Je ferais de mon mieux pour leur épargner une action atroce.

LA MARÉCHALE

Ah ! le lâche ! Et si vous étiez sur le point de mourir, vous soumettriez-vous aux cérémonies de l'Eglise ?

DIDEROT

Je n'y manquerais pas.

LA MARÉCHALE

Fi ! le vilain hypocrite.

ARCHIVES DE L'ŒUVRE

Nous reproduisons ici un certain nombre d'extraits ayant un rapport avec les textes publiés dans ce volume.

La plupart sont empruntés à la Correspondance *de Diderot.*

Nous les présentons dans l'ordre chronologique. Ils peuvent aussi être groupés de la manière suivante :

Mystification : 4.

Les deux amis de Bourbonne : 6, 7.

Entretien d'un père avec ses enfants : 3, 8, 9.

Ceci n'est pas un conte : 2, 6, 15.

Madame de la Carlière : 15, 17.

Entretien d'un philosophe avec la Maréchale de *** : 1, 16, 18.

1

*Diderot dédie à son frère qui va être ordonné prêtre sa traduction très libre de l'*Essai sur le Mérite et la Vertu. *Il pose pour la première fois dans ce texte de 1745 le problème des rapports entre la morale et la religion qu'il abordera encore dans l'*Entretien avec la Maréchale.

A MON FRERE

Oui, mon frère, la religion bien entendue et pratiquée avec un zèle éclairé ne peut manquer d'élever les vertus morales. Elle s'allie même avec les connaissances naturelles ; et quand elle est solide, les progrès de celles-ci ne l'alarment point pour ses droits. Quelque difficile qu'il soit de discerner les limites qui séparent l'empire de la foi de celui de la raison, le philosophe n'en confond pas les objets : sans aspirer au chimérique honneur de les concilier, en bon citoyen il a pour eux de l'attachement et du respect. Il y a, de la philosophie à l'impiété, aussi loin que de la religion au fanatisme ; mais du fanatisme à la barbarie, il n'y a qu'un pas. Par *barbarie,* j'entends, comme vous, cette sombre disposition qui rend un homme insensible aux charmes de la nature et de l'art, et aux douceurs de la société. En effet, comment appeler ceux qui mutilèrent les statues qui s'étaient sauvées des ruines de l'ancienne Rome, sinon des *barbares ?* Et quel autre nom donner à des gens qui, nés avec cet enjouement qui répand un coloris de finesse sur la raison et d'aménité sur les vertus, l'ont émoussé, l'ont perdu, et sont parvenus, rare et sublime effort ! jusqu'à fuir comme des monstres ceux qu'il leur est ordonné d'aimer ? Je dirais volontiers que les uns et les autres n'ont connu de la religion que *le spectre.* Ce qu'il y a de vrai, c'est qu'ils ont eu des terreurs paniques indignes d'elle ; terreurs qui furent jadis fatales aux lettres, et qui pouvaient le devenir à la religion même. « Il est certain qu'en ces premiers temps, dit Montaigne, que notre religion commença de gagner autorité par les lois, le zèle en arma plusieurs contre toutes sortes de livres païens ; de quoi les gens de lettres souffrent une merveilleuse perte ; j'estime que ce désordre a porté plus de nuisance aux lettres, que tous les feux des barbares : Cornelius Tacitus en est un bon témoin ; car quoique l'empereur Tacitus, son parent, en eût peuplé, par ordonnances expresses, toutes les librairies du monde, toutefois un seul exemplaire entier n'a pu échapper à la curieuse recherche de ceux qui désiraient l'abolir pour cinq ou six vaines clauses contraires à notre créance. » Il ne faut pas être grand raisonneur pour s'apercevoir que tous les efforts de l'incrédulité étaient moins à craindre que cette inquisition. L'incrédulité combat les preuves de la religion ; cette inquisition tendait à les anéantir. Encore si le zèle indiscret et bouillant ne s'était manifesté que par la délicatesse gothique des esprits faibles, les fausses alarmes des ignorants, ou les vapeurs de quelques atrabilaires ! Mais rappelez-vous l'histoire de nos troubles civils, et vous verrez la moitié de la nation se baigner, par piété, dans le sang de l'autre moitié et violer, pour soutenir la cause de Dieu, les premiers sentiments de l'humanité ; comme s'il fallait cesser d'être homme pour se montrer *religieux !* La religion et la morale ont des liaisons trop étroites pour qu'on puisse faire contraster leurs principes fondamentaux. Point de vertu sans religion ; point de bonheur sans vertu : ce sont deux vérités que vous trouverez approfondies dans ces réflexions que notre *utilité commune* m'a fait écrire. Que cette expression ne vous blesse point ; je connais la solidité de votre esprit et la bonté de votre cœur. Ennemi de l'enthousiasme et de la bigoterie, vous n'avez point souffert que l'un se rétrécît par des opinions singulières, ni que l'autre s'épuisât par des affections puériles. Cet ouvrage sera donc, si vous voulez, un antidote destiné à réparer en moi un tempérament affaibli, et à entretenir en vous des forces encore entières. Agréez-le, je vous prie, comme le présent d'un philosophe et le gage de l'amitié d'un frère.

D. D...

2

En 1751, Mlle de La Chaux ayant fait part à Diderot de quelques remarques, celui-ci lui dédie une addition à la Lettre sur les Sourds et Muets. *Voici le début et la fin de cette dédicace. L'allusion qui termine la lettre est-elle en rapport avec les faits racontés dans* Ceci n'est pas un conte ?

AVIS A PLUSIEURS HOMMES

Les questions auxquelles on a tâché de satisfaire dans la lettre qui suit ont été proposées par la personne même à qui elle est adressée ; et elle n'est pas la centième femme à Paris qui soit en état d'en entendre les réponses.

LETTRE A MADEMOISELLE ***

Non, mademoiselle, je ne vous ai point oubliée. J'avoue seulement que le moment de loisir qu'il me fallait pour arranger mes idées s'est fait attendre assez longtemps. Mais enfin il s'est présenté entre le premier et le second volume du grand ouvrage qui m'occupe, et j'en profite comme d'un intervalle de beau temps dans des jours pluvieux. [...] Il ne me reste plus qu'à vous remercier de vos observations. S'il vous en vient quelques autres, faites-moi la grâce de me les communiquer ; mais que ce soit pourtant sans suspendre vos occupations. J'apprends que vous mettez en notre langue *le Banquet* de Xénophon, et que vous avez dessein de le comparer avec celui de Platon. Je vous exhorte à finir cet ouvrage. Ayez, mademoiselle, le courage d'être savante. Il ne faut que des exemples tels que le vôtre, pour inspirer le goût des langues anciennes, ou pour prouver du moins que ce genre de littérature est encore un de ceux dans lesquels votre sexe peut exceller. D'ailleurs il n'y aurait que les connaissances que vous aurez acquises qui pussent vous consoler dans la suite du motif singulier que vous avez aujourd'hui de vous instruire. Que vous êtes heureuse ! Vous avez trouvé le grand art, art ignoré de presque toutes les femmes, celui de n'être point trompée, et de devoir plus que vous ne pourrez jamais acquitter. Votre sexe n'a pas coutume d'entendre les vérités ; mais j'ose vous les dire, parce que vous les pensez comme moi.

J'ai l'honneur d'être avec un profond respect,

Mademoiselle,

Votre très humble et très obéissant serviteur ****.

3

*De Langres où il est venu après la mort de son père, Diderot écrit cette lettre qui évoque celui qui sera le personnage central de l'*Entretien d'un Père avec ses Enfants.

A Grimm

[Langres, 14 août 1759]

J'ai encore deux nuits à passer ici. Jeudi matin, mon ami, de grand matin, je quitterai cette maison où, dans un assez court intervalle de temps, j'ai éprouvé bien des sensations diverses. Imaginez que j'ai toujours été assis à table vis-à-vis d'un portrait de mon père, qui est mal peint, mais qu'on a fait tirer il y a seulement quelques années, et qui ressemble assez ; que nos journées ont été employées à lire des papiers de sa main, et que ces derniers moments se passent à remplir des malles de hardes qui ont été à son usage et qui peuvent être au mien. Toutes ces relations qui lient les hommes entre eux d'une manière si douce, ont pourtant des instants bien douloureux.

Bien douloureux ? J'ai tort. Je suis à présent dans une mélancolie que je ne changerais pas pour toutes les joies bruyantes du monde. Tout à l'heure, j'étais appuyé sur le lit où il a été malade pendant quinze mois. C'est là que ma sœur, dix fois la nuit, les pieds nus, lui portait des linges chauds, afin de rappeler la vie qui commençait à quitter les extrémités de son corps. Il fallait qu'elle traversât un long corridor pour arriver à l'alcôve où il s'était retiré depuis la mort de sa femme ; et leur lit commun était resté vacant pendant onze ans. Lorsque, pour soulager sa fille dans les soins continuels qu'elle lui rendait, mon bon père vainquit sa répugnance et vint se placer dans ce lit : « Je m'y trouve mieux, dit-il en y entrant, mais je n'en sortirai pas. »

Il se trompait. Il était dans son fauteuil, où vous l'avez vu, lorsqu'il s'échappa d'au milieu d'eux, comme je vous ai dit.

Quand je passe dans les rues, j'entends des gens qui me regardent et qui disent : C'est le père même. Je sais bien qu'il n'en est rien, et que, quoi que je fasse, il n'en sera rien. Un de nos grands vicaires avait plus de raison peut-être lorsqu'il me disait : « Monsieur, la philosophie ne fait point de ces hommes-là. »

L'acte de nos partages est signé d'hier. Les choses se sont passées comme je l'avais prévu, bien doucement, bien honnêtement. J'ai signé le premier ; j'ai donné la plume à mon frère, de qui Sœurette l'a reçue. Nous n'étions que nous trois. Cela fait, je leur témoignai combien j'étais touché de leur procédé ; je les exhortai à se chérir ; j'avais peine à parler ; je sanglotais. Ensuite je les priai, si j'avais manqué à quelque chose qu'ils attendissent de moi, de me le dire. Ils ne me répondirent rien ; ils m'embrassèrent ; nous avions le cœur bien serré tous les trois. J'espère qu'ils s'aimeront.

Notre séparation qui s'approche ne se fera pas sans douleur. Un autre sentiment lui succédera, à mesure que j'approcherai d'Isle ; un autre à celui-ci, à mesure que j'approcherai de Châlons ; et un autre encore à ce dernier, à mesure que j'approcherai de Paris, où je vous attendrai pour goûter une autre sorte de bonheur. Avant que de me retrouver auprès de vous, j'aurai vu le séjour qu'habitera peut-être pour n'en plus revenir la femme du monde que j'aime le plus, et le séjour qu'habite une femme que j'estime autant que j'aime la première ; et ces femmes, ce sont les deux sœurs.

Adieu, mon ami. Je vous donne rendez-vous à Paris, où je serai la veille de la Saint-Louis ; c'est la fête de Sophie ; ce bouquet en vaudra bien un autre. Adieu, mon ami. Adieu.

4

La mort de Desbrosses, personnage de Mystification.

A Grimm

[19 novembre 1769]

Mille remerciements, mon ami. Cela est bien ici, mais j'ai la tête toute troublée. Ma fille se porte mal ; ce sont des vomissements qui me chiffonnent. Ce n'est rien, et ce ne sera rien.

Mais admirez cette persécution du sort, de m'adresser presque tous ceux qui se détruisent. Vous m'avez entendu parler d'un nommé Desbrosses que j'ai connu chez Mme Therbouche. Cet homme s'en vient hier matin chez moi. Il s'assied. Il m'apprend de l'air le plus tranquille et le plus serein que son frère, avec qui il faisait conjointement la banque, l'a ruiné de fond en comble et qu'il ne lui reste plus que le courage de supporter le déshonneur ou de se donner la mort, deux partis entre lesquels il n'y a pas à choisir.

Je le plains sur sa ruine. Je lui demande l'âge qu'il a. Il me répond qu'il a trente et un. « Comment, lui dis-je, vous n'avez que trente et un ans ; vous avez une connaissance infinie des affaires ; une tête sur vos épaules ; et vous n'appréciez pas la valeur de ces effets-là ; et vous vous tenez pour ruiné ? Il faut s'éloigner et aller chercher au loin une meilleure fortune. »

Nous causons encore un moment. On m'appelle pour dîner. Il s'en va, et j'apprends ce matin qu'un domestique s'est présenté avec un billet de change de trente mille francs ; qu'il a pris la lettre de change ; qu'il en a déchiré un morceau qui a servi à charger un pistolet, et qu'il s'est lâché un coup de pistolet dans la tête. Cela me trouble, comme vous pensez bien. Quelle machine que l'homme !

Je vous jure que celui-là était moins attristé, moins déconcerté de sa position, plus serein, que s'il avait eu le projet d'une partie de plaisir.

[...]

5

A l'occasion des fiançailles d'Angélique, Diderot reprend contact avec son frère l'abbé. Pour mettre fin à ce qu'il veut considérer comme un malentendu entre eux, il fait une mise au point sur son propre comportement à l'égard de la religion.

A l'abbé Diderot

[24 mai 1770]

J'ai appris, cher frère, par deux côtés à la fois, et cette nouvelle n'a pu que me faire grand plaisir, que vous étiez disposé à vous rapprocher de nous. C'est ma sœur et M. Caroillon l'aîné qui se sont hâtés de me l'écrire. A présent qu'on peut vous parler et espérer une réponse, dites-moi un peu par quel motif vous vous êtes tenu si longtemps éloigné de votre belle-sœur, de votre nièce et de moi ? en quoi l'on peut vous avoir manqué ? On ne se résout pas à rompre avec les siens, et un homme sensé ne fait pas durer dix ans une rupture, sans en avoir les plus fortes raisons. S'il n'a pas une démonstration qui se le justifie à ses yeux et aux yeux des autres, il s'est rendu coupable d'une faute bien grave. Serait-ce par hasard que vous auriez persisté, malgré mes protestations réitérées, à croire que j'avais manqué à la promesse que je vous avais faite de garder un silence public et particulier sur mes opinions ? Mais sur quoi fondé avez-vous cru que j'avais manqué à cette parole ? Est-ce que vous me connaissez menteur ? Lorsque je vous disais : « Mon frère, je ne suis point à l'abri des imputations calomnieuses. On m'attribuera des ouvrages que je n'aurai point faits ; des propos que je n'aurai point tenus ; mais j'espère que vous ajouterez foi plutôt à la parole d'un frère vrai, homme de bien, qui n'a aucun intérêt à vous dissimuler la vérité, qui ne vous la dissimulerait pas, quand il en aurait le plus grand intérêt, qu'à des bruits populaires qui ne signifient rien ? » Pourquoi ne l'avez-vous pas fait ? Pourquoi m'avez-vous rendu moins de justice que les ministres et les magistrats ? Savez-vous comment ils en usent et comment ils en ont toujours usé avec moi ? Lorsqu'il a paru ou qu'il paraît quelque chose qui les effarouche, ils m'interrogent, et mon oui et mon non sont sacrés pour eux. Ecoutez bien ce que je vais vous dire. Je n'ai point et je n'eus jamais la folie du prosélytisme. Je pense pour moi et je pense pour moi seul. Je laisse les autres dans leurs sentiments. Je ne me souviens plus de la date de la promesse que je vous ai faite, mais si vous découvrez jamais que j'y aie manqué, je vous permets de me tenir pour le plus malhonnête homme du monde.

Vous m'objecterez peut-être que cela pourrait être sans que vous pussiez le découvrir. Ces espèces de restrictions mentales sont indignes de moi ; et afin que vous ayez le cœur net là-dessus et que vous ne vous épargniez aucun reproche, je vous déclare par tout le respect que je porte à la vérité, par le titre d'homme de bien qui m'est aussi précieux qu'à vous, qu'à aucun être de mon espèce, par le mépris souverain que j'aurais pour moi-même si je vous en imposais, que je n'ai pas écrit une ligne de religion, pas une seule ligne ; en un mot que j'ai rigoureusement gardé la parole que je vous avais donnée.

A présent, jugez-vous vous-même ; jugez si je n'ai pas dû être pénétré d'indignation, si je n'ai pas été autorisé à m'échapper sur votre compte, lorsque je comparais ma conduite avec vos procédés. L'abbé, vous ne me connaissez pas. Le temps vous apprendra, je l'espère, quel frère vous avez. Il est au-dessous *(sic)* de tout sentiment vil d'intérêt. Sa conscience est le seul censeur qu'il redoute. Il veut être bien avec vous ; mais de préférence, il veut être bien avec lui-même. Il n'a jamais trompé personne. Sa vie se passe à faire tout le bien qui dépend de lui, parce qu'il est heureux en faisant le bien, parce qu'il est convaincu qu'à tout prendre il n'y a de solide bonheur dans ce monde-ci que pour l'homme de bien ; parce que les mauvaises actions qui échappent à la vindicte des lois sont punies tôt ou tard par de fâcheuses suites ; parce qu'il est né et bâti comme cela et que, quand il s'étudierait à être méchant, il ne serait jamais qu'un méchant gauche et maladroit.

Les mêmes conditions que vous me proposâtes autrefois, vous me les proposez aujourd'hui. Permettez d'abord, cher abbé, que je vous représente qu'on ne propose des conditions qu'à son subalterne et que je ne suis pas le vôtre. Pour être honnête, voici ce qu'il fallait dire : J'aime et j'estime mon frère. Je suis mal avec lui, et cela me peine. J'aime ma religion ; et s'il voulait, ce frère, me promettre de la respecter par son silence, j'irais au bout du monde pour l'embrasser.

Qu'aurait répondu ce frère ? Le voici : Cher frère, vous n'aurez pas tant de chemin à faire. Venez. Soyez satisfait. Comptez sur la promesse que je vous en donne ; mais comptez-y un peu plus fermement pour l'avenir que par le passé. Lorsque vous aurez quelque incertitude ou par des suggestions de gens malintentionnés, ou par quelque autre voie que ce puisse être, adressez-vous à moi de qui vous devez être sûr d'apprendre la vérité. Je ne vous demande d'autre marque de confiance que celle qui m'est accordée par la cour, la ville, les magistrats, les évêques et une foule d'indifférents à qui je ne dois pas la vérité, comme à mon frère, et qui n'ont jamais balancé à m'en croire. Allez à M. de Sartine, allez à l'archevêque, et interrogez-les sur la chose qui vous a si malheureusement et si injustement tenu en souci. Il a paru depuis six ou sept ans une nuée de livres hétérodoxes. Demandez-leur s'ils m'en croient l'auteur. Ce *Code de la nature* que vous m'avez donné, je ne sais sur quel témoignage, est un ouvrage que je n'ai pas même lu. J'en dis autant et des autres qu'on a publiés, et de ceux qu'on pourra publier encore. J'ai une femme, j'ai un enfant, j'ai des parents, j'ai des amis. Tous ces gens-là m'ont confié leur bonheur et je ne suis pas le maître d'en disposer par une étourderie.

Enfin l'abbé, j'ai fait plus que ni vous ni personne n'était en droit d'exiger de moi. J'ai déterminé vingt jeunes gens à brûler les ouvrages bons ou mauvais qu'ils avaient écrits sur cette matière, et sur lesquels ils étaient venus me consulter. Voyez à présent, l'abbé, combien vous êtes loin de compte.

Vous connaissez apparemment l'abbé Bergier, le grand réfutateur des Celse modernes. Eh bien, je vis d'amitié avec lui, et vous pouvez vous vanter d'être le seul sur la terre, parmi les hommes éclairés, qui ayez aussi opiniâtrement persisté dans votre préjugé. Si je n'écris point de religion, j'en parle aussi peu, à moins que je n'y sois entraîné par des docteurs de Sorbonne, par des personnages instruits avec lesquels je puis m'expliquer sans conséquence ; et lorsque cela m'arrive, c'est toujours avec gaieté, sans fiel, sans amertume, sans injure, avec le ton de bienséance qui convient entre d'honnêtes gens qui ne sont pas du même avis. Aussi ne me suis-je jamais séparé d'aucun d'eux, sans en être plus chéri, plus aimé, plus estimé, et tendrement embrassé. J'ai eu quelquefois des grâces à demander à notre archevêque, et que je les [ai] obtenues. Tant que son neveu, M. le marquis de Lottanges, l'homme le plus pieux de ce siècle, a vécu, il m'a honoré de son amitié, et il ne se passait guère de semaine qu'il ne se donnât la peine, malgré sa faiblesse et son asthme, de monter à mon quatrième étage. J'ai écrit plusieurs fois à mon archevêque. J'ai eu le courage de lui dire que, mufti à Constantinople, il serait tout aussi bienfaisant et tout aussi respectable que prélat à Paris, et il ne s'en est point offensé.

Les mœurs, les mœurs, cher abbé, voilà la seule chose sur laquelle il soit permis aux hommes de nous juger dans ce monde-ci. Il faut abandonner le reste à la miséricorde, à la justice, à la balance de Dieu. Fuyez le méchant, entendît-il autant de messes qu'on en dit dans toutes les églises du royaume. Embrassez l'homme de bien, quelle que soit sa façon de penser. Il y a sur la terre une infinité de cultes différents ; mais, cher frère, il n'y a qu'une morale. Voilà le bien général qui embrasse l'humanité, et la plus grande des impiétés, ce serait de le briser.

Dis-moi un peu, cher ami, si j'avais été aussi intolérant que toi, tandis que tu me haïssais de ton côté, je t'aurais haï du mien. Car enfin si la diversité des opinions autorise la haine, j'en avais le même droit. Hé bien, nous ne nous serions donc jamais revus, jamais embrassés. Si tu peux me demander le silence sur tes sentiments, je pourrais te demander un pareil silence sur les miens. Je n'en fais rien ; écris, prêche, parle, fais tout ce que tu croirais de ton devoir, et je le trouverai bon. Je t'affranchis totalement de la loi que tu m'imposes et que j'accepte. Mais, plus de méfiance. Il me faut croire, parce que je suis vrai, et que je n'ai aucune raison de ne pas l'être. Bonjour, cher frère, portez-vous bien. Embrassez notre sœur ; venez embrasser votre frère, votre belle-sœur et votre nièce qui vous accueilleront comme si elles n'avaient aucune raison de se plaindre d'un oubli qui a duré si longtemps. Je souhaite que vous sentiez aussi vivement que moi combien il est doux de retrouver son frère. Je ne vous ai pas répondu plus tôt parce que je suis occupé, parce que je suis malade, parce que ces tristes fêtes ont mis toutes nos petites cervelles en l'air. Si vous venez à Paris, comme on nous le fait entendre, vous devriez bien amener Sœurette avec vous.

Vous savez la démarche de Caroillon. Il sera bon

que nous causions ensemble là-dessus. Vous devez mieux connaître le jeune homme que je ne le connais.

Bonjour, bonjour. Arrivez, arrivez. Vous ne sauriez venir trop tôt.

Diderot.

A Paris, ce 24 mai 1770.

6

L'attitude de Mme de Maux ne semble pas claire à Diderot. « Je sais ce que je souhaite ; je sais ce qui est honnête, mais je sais tout aussi bien ce qui n'est pas libre. » Ainsi devraient parler ceux que l'on n'aime plus dans Ceci n'est pas un conte.

[Au Grandval, 21 octobre 1770] [1]

Vous êtes, mon ami, très fin, très délié ; mais pour cette fois je crois que je vois mieux que vous, parce que j'ai sur le nez d'autres besicles que les vôtres.

J'aime mieux la [2] croire inconstante que malhonnête. Voyez M. l'écuyer s'installer entre la mère et la fille à Bourbonne ; toutes les deux, convaincues qu'il en voulait à l'une ou à l'autre, cependant appeler ses visites ; le retenir à souper tous les jours ; retarder son retour ; le mener à Vandœuvre où il n'est pas connu ; à Châlons, où il ne l'est pas davantage ; lui permettre à Paris une cour assidue, accepter de lui et voiture et gibier, dont j'ai mangé par parenthèse, et que j'ai trouvé bon ; attendre une déclaration ; arranger une présentation au Louvre ; accorder la permission d'écrire, et par conséquent s'engager à répondre, etc.

1. Destinataire inconnu. Grimm ?
2. Mme de Maux.

Oh ! ma foi, mon ami, si l'on a bien résolu de refuser à cet homme-là ce qu'il est aussi encouragé à demander, vous avouerez qu'on s'expose de gaieté de cœur à le rendre profondément malheureux. Est-ce là le rôle qui convient à une femme aussi franche, aussi bonne, aussi honnête que notre amie ?

Et mon bonheur et ma tranquillité, que deviennent-ils dans le courant de cette menée ? Si l'on avait projeté de me rendre fou, dites-moi ce qu'on pourrait faire de mieux ?

Et son bonheur et sa tranquillité, que deviendront-ils, lorsqu'elle aura sous les yeux le spectacle assidu d'un malheureux qu'elle aura fait ? Se donne-t-on ce passe-temps-là à l'âge de quarante-cinq ans ?

Une femme qui ne veut pas aimer, et qui n'en a pas assez des visites journalières qu'on est libre de lui rendre chez elle, et qui s'arrange pour voir un homme dont elle est éperdument aimée trois fois la semaine dans une autre maison ; et cette femme-là en use bien ? et cette femme-là connaît le fond de son cœur ? et cette femme-là garde quelque mesure avec son ami ?

Convenez, mon ami, que je suis au moins traité très légèrement ; convenez qu'il n'y a dans cette conduite pas une ombre de délicatesse. Convenez qu'à ma place vous sentiriez comme moi. Convenez que vous en seriez bien autrement blessé que moi. Y a-t-il d'autres règles pour une femme que pour une maîtresse ? Si votre femme se comportait ainsi, ne lui en diriez-vous pas un mot ? Puisque l'étude et la pratique de la justice ont été le travail de votre vie, soyez juste.

Elle est sûre d'elle-même ? Et qui le sait ?

Quand elle serait sûre d'elle-même, n'a-t-elle aucun ménagement à garder avec moi ? Je ne souffre point ; je ne souffrirai pas ; mais qui est-ce qui le lui a dit ?

Y a-t-il une conduite pour les femmes et une conduite pour les hommes ? Que penserait-elle, que penseriez-vous de moi, si j'étais aimé d'une autre et que je me permisse tout ce qu'elle a fait ?

Je ne vous parle ainsi, ni pour la dépriser à vos yeux, ni pour exhaler mon ressentiment. Je n'en ai point ; je suis tranquille, je suis heureux et je n'ai que faire de la solitude pour sentir le prix de la liberté qu'on me rend.

Si elle s'en va, je la perdrai sans regret ; si elle revient, je la recevrai avec transport.

Qu'elle s'en aille ou qu'elle me reste, je m'occuperai sincèrement de son bonheur ; l'estime que je faisais d'elle n'en sera point altérée, et je lui conserverai tout mon attachement.

J'ai bien peur que vous ne me voyiez ni l'un ni l'autre tel que je suis. Je n'ai aucun mérite à cette belle résignation. Elle ne me coûte rien ; mais rien du tout. Si je lui causais le moindre chagrin, ce serait méchanceté pure ; car ni l'amour-propre ni le cœur ne sont offensés.

Je vous répéterai ce que je lui ai écrit. Je sais ce que je souhaite ; je sais ce qui est honnête ; mais je sais tout aussi bien ce qui n'est pas libre.

Je demande deux choses qu'on ne saurait me refuser sans tyrannie : la jouissance d'un bien que vous avez tant de fois regretté, de mon temps ; et la liberté de m'éloigner, quand il me plaira, d'un spectacle assidu qui pourrait finir par me tourmenter ; et c'est autant pour elle que pour moi que j'insiste sur ce point ; car si j'avais de la peine, elle la partagerait assurément.

Elle s'imagine que je vais chez vous verser un fiel dont mon âme est trop pleine ; vous m'obligerez de la détromper sur ce point.

Je suis arrivé tout à temps pour prévenir une aventure très fâcheuse. Je vous parlerai de cela quand nous nous verrons.

Je n'ai point remis votre billet au baron, et pour cause.

J'ai été malade à mourir pendant deux jours ; j'en suis quitte et je me porte comme ci-devant.

J'avais pensé comme vous que l'atrocité du prêtre ôtait tout le pathétique de l'histoire de Félix.

Envoyez-moi une copie de cette histoire et de celle d'Olivier [1], et ce que vous me demandez sera fait ; mais dépêchez-vous.

Je viens de recevoir une lettre d'elle, où je lis : « Que votre travail ne soit point troublé par l'idée d'une peine qui n'existe *encore* que dans votre tête » ; et ailleurs : « Personne n'a *encore* le droit de tracasser mon âme. » Ou je ne sais pas lire, ou ce n'est pas le langage d'une femme sûre d'elle ; je n'entends rien de rien, ou cela signifie : Attendez.

Il est vrai que j'ai mené mon écuyer à toutes jambes, et j'aurais bien fait, si l'on avait su lui faire la réponse nette, ferme et tranchée qu'on devait lui faire, que j'espérais qu'on lui ferait, et qu'on aurait dictée à une autre.

On prétend être sage ; mais je suis bien assuré qu'on jugerait autrement de sa voisine, et qu'on ne balancerait pas à dire qu'elle est fausse et folle.

Je puis me taire sur un rival ; mais si j'en parle, je dirai ce que j'en pense, surtout si j'en pense bien.

Sans moi cela ne serait pas arrivé ? — et c'est vous qui la faites parler ainsi ? N'est-elle pas à présent maîtresse des événements ?

Bonjour, mon ami ; bientôt je n'aimerai vraiment que vous, et je n'en serai pas fâché.

7

Grimm raconte le 15 décembre 1770 aux abonnés de la Correspondance littéraire *comment est né le conte* Les Deux Amis de Bourbonne.

L'année qui va finir a été fatale aux *Deux Amis* ; ils se sont montrés sur la scène comme deux financiers et deux commerçants de Lyon [2], en conte

1. Personnages des *Deux Amis de Bourbonne.*
2. Beaumarchais, *Les Deux Amis.*

comme deux Iroquois [1], en roman comme deux je ne sais quoi, et, Dieu merci, ils ont été sifflés partout.

Deux amis s'en allèrent au mois d'août dernier passer quinze jours aux bains de Bourbonne, près de Langres, pour y voir deux amies, dont l'une [2], mère de l'autre, avait mené à ces bains sa fille [3], jeune, fraîche, jolie et cependant malade, dans l'espérance de lui rendre la santé altérée par les suites d'une première couche. Les deux amis (c'était Denis Diderot le philosophe et moi) trouvèrent les deux amies faisant des contes à leurs correspondants de Paris, pour se désennuyer.

Parmi ces correspondants, il y en avait un d'une crédulité rare [4] ; il ajoutait foi à tous les ragots que ces dames lui contaient, et la simplicité de ses réponses amusait autant les deux amies que la folie des contes qu'elles lui faisaient. Le philosophe voulut prendre part à cet amusement ; il fit quelques contes que la jeune amie malade inséra dans ses lettres à son ami crédule, qui les prit pour des faits avérés, et assura sa jeune amie qu'elle écrivait comme un ange ; ce qui était d'autant plus plaisant qu'une de ses prétentions favorites est de reconnaître entre mille une ligne échappée à la plume de notre philosophe.

Denis Diderot essaya entre autres de réhabiliter les *Deux Amis,* et il croira les avoir vengés de toutes les injures que leurs historiens leur ont attirées cette année, si le conte que vous allez lire peut mériter votre suffrage.

Le petit frère ** avait envoyé à la petite sœur * à Bourbonne le petit conte iroquois des *Deux Amis,* par M. de Saint-Lambert. Ce conte venait d'être imprimé, et la petite sœur, en ripostant par le petit conte des *Deux Amis de Bourbonne,* échappé sans effort à la plume du philosophe, voulut faire sentir

1. Saint-Lambert, *Les Deux Amis, conte iroquois.*
2. Mme de Maux.
3. et *: Mme de Prunevaux.
4. et **: Naigeon.

au petit frère qu'il y avait plus de prétention et de fatigue que d'effet dans le conte iroquois. Le petit frère, au lieu de sentir cette critique indirecte, crut l'histoire des *Deux Amis de Bourbonne* véritable, et voulut en savoir la suite ; la petite sœur fut donc obligée d'avoir de nouveau recours à l'imagination du philosophe, qui compléta l'histoire des *Deux Amis de Bourbonne.*

8

*Diderot s'occupe du contrat de mariage d'Angélique. C'est l'occasion, pour un homme « très étranger à toutes ces sortes d'affaires » de découvrir ce qu'impliquent les dispositions qui y figureront. L'*Entretien d'un Père avec ses Enfants *portera la marque de cette réflexion.*

A Madame Caroillon La Salette

[? fin mars 1771]

Madame et bonne amie,

Vous aurez embrassé notre fils, lorsque vous recevrez cette lettre, et il vous aura embrassée pour nous. Il m'a paru que nos enfants avaient mis à profit le temps qu'ils avaient à passer ensemble, pour se connaître, et qu'ils se conviennent plus que jamais. Je m'en suis réjoui. Caroillon vous rendra compte des démarches que j'ai faites pour lui procurer ici un état honnête, et vous pouvez l'en croire sur les espérances, bien ou mal fondées, que je puis avoir d'y réussir.

Je l'ai présenté à tous mes protecteurs, grands et petits. Je ne sais quelle idée il a conçue de ces personnages-là, mais il n'y a aucun d'eux qui n'ait pris la meilleure opinion de lui. On lui trouve le maintien décent et honnête, du sens, de la raison, une expérience des choses fort au-dessus de son âge. Peut-être souhaitez-vous au fond de votre âme que tous ces mouvements n'aient aucun effet et que nos jeunes gens soient obligés d'aller s'établir en province. En ce cas, bonne amie, vous ne seriez pas juste de vouloir rassembler tous vos enfants autour de vous, et de me priver, moi et sa mère, du seul que nous ayons. Ce serait nous condamner à passer le reste de notre vie, seuls.

Je vous avoue que mon âme s'embarrasse à mesure que la conclusion de cette affaire approche. Caroillon m'a bien protesté et à ma fille que son dessein était de se fixer ici. Je serais sérieusement affligé qu'il me trompât sur ce point et sur quelque autre que ce fût. Je vous supplie, bonne amie, de l'inviter à être avec moi de la même droiture et de la même franchise qu'il me voit avec lui. Dites-lui bien que plus il est aisé d'abuser de mon extrême confiance, moins j'en pardonnerai l'abus.

Nous avons ébauché un projet de contrat. Comme je suis très étranger à toutes ces sortes d'affaires, il a fallu s'en rapporter là-dessus à l'homme public ; et j'avais recommandé à l'homme public qu'il arrangeât les choses de manière qu'on vît que j'étais autant le père de mon gendre que de ma fille. Si Caroillon avait pu m'accorder deux jours de plus, il aurait remporté cet acte tout prêt à vous être présenté à vous, bonne amie, et à ma sœur, afin que vous y fissiez vos observations ; mais depuis son départ, j'ai tout remis entre les mains de l'homme raisonnable, juste et sensé avec lequel je l'aurais abouché et dont il aurait été satisfait, parce qu'il n'est pas moins recommandable par son équité que par ses lumières.

Au reste, je vous prie, vous et notre enfant, de considérer que ma femme et moi nous sommes sans aucuns parents et que, quand Caroillon viendrait à perdre sa femme dans la première année de son mariage, lui et les vôtres seraient encore ceux que nous regarderions de préférence comme nos véritables héritiers. Ils le seraient et par la courte liaison de sang qui aurait subsisté entre nos enfants et par la vieille et longue amitié qui unit les deux familles depuis si longtemps. Je ne veux pas donner à cette considération plus de valeur qu'elle n'en a ; mais il faut pourtant la compter pour quelque chose, et je crois que, sans imprudence, elle peut servir à lever les diffioultés, si par hasard il en survenait.

J'ai donné à Caroillon un état clair et net de tout ce que nous possédons ; il sait à quoi s'en tenir et sur notre fortune actuelle et sur ses espérances. Je n'ai aucun doute sur l'état pareil qu'il m'a donné. Je le crois trop honnête et trop sage pour avoir rien dissimulé ; et j'ai une telle confiance en vous, bonne amie, que, quand vous m'aurez dit : La chose est comme mon enfant vous l'a dite, ce sera pour moi l'Evangile même.

Il m'a semblé que Caroillon avait beaucoup d'égards pour ses frères, et je ne l'en estime pas moins. Mais il doit trouver bon que ma fille ait les mêmes égards pour ses ascendants. Au reste mon désir, qui sera sûrement aussi le vôtre, c'est que les choses s'arrangent de manière que personne ne soit lésé. Je hais l'injustice comme la mort. Assurément, je ne suis pas intéressé ; et je n'ai rien de mieux à faire que de procurer pour le moment, et qu'à préparer pour l'avenir un sort heureux à nos enfants et à ceux que nous espérons d'eux. Si j'ai le bonheur de faire un état ici à Caroillon, cet état sera bien modique, si tout en entrant ensemble, ils ne jouissent pas d'une aisance très honnête.

Ma fille n'est pas folle. Votre fils n'a point du tout l'air de l'être ; ainsi tout ira bien. Satan avec toutes ses cornes vivrait, je crois, avec moi. Ma femme, quoique très bonne, très humaine, très bienfaisante, n'est pas tout à fait si sociable ; mais comme leur projet est d'avoir leur ménage séparé, nos enfants ne paraissant chez nous qu'en passant, et nous ne paraissant chez eux que quand la tendresse nous y conduira, je suis sûr qu'il régnera entre nous toute concorde et toute amitié.

Vous recevrez, madame et bonne amie, incessamment, le projet de contrat, tel qu'il me paraîtra conforme aux intérêts communs de nos enfants. Ce n'est jamais l'état actuel des choses, qui rend ces actes embarrassants. Les difficultés naissent toujours d'événements possibles et qu'il faut malheureusement prévoir. Ce n'est pas à vous seule que j'écris. Je parle à Caroillon, à ses frères, à ses amis, à ma sœur, à son amie, aux deux familles ensemble, et à chacun de ceux qui les composent séparément. Saluez-les tous de ma part, et agréez le tendre et inviolable respect du père et de la fille, et les très sincères amitiés de la mère. C'est avec ces sentiments que nous sommes tous, et moi en particulier,

Madame et bonne amie,

Votre très humble et très obéissant serviteur,

Diderot.

9

*L'abbé Galiani, consulté par Mme d'Epinay sur le problème qui constitue le noyau de l'*Entretien d'un Père avec ses Enfants *— le sort à réserver au testament du curé de Thivet — fait cette réponse :*

[Naples, 20 avril 1771]

(...) Vous m'obligez de nous faire une dissertation sur votre cas de conscience avec Diderot. Que je la ferais bien plus volontiers à votre cheminée ou à votre dîner !

Le testament n'est pas dans le droit naturel ; il est contre nature : un mort ne doit pas commander aux vivants. Il a été introduit après la loi des successions, et la loi des successions est un remède à la vacance des biens après la mort du possesseur. Dans la nature, les biens vacants appartiennent au premier occupant. La nécessité d'empêcher les querelles a fait naître la loi des successions, et dans cette loi on s'est approché de l'ordre naturel. On a accordé les biens vacants à ceux qui étaient censés pouvoir être les premiers à l'occuper. En effet, ceux qui pourraient les premiers occuper les biens d'un père mourant seraient toujours ses enfants et ceux de sa famille. On a ensuite fait des modifications et perfectionné cette loi. Mais enfin la loi de succession est la première de toutes ; la plus sacrée, la plus chère à la société, c'est celle des successions légitimes, autrement dites *ab intestat*. Elle suffit. Le testament est un privilège, une dispense, une violation de cette loi. Ainsi il n'est ni précieux ni nécessaire à l'ordre civil. D'autres raisons l'ont fait introduire : on a voulu mettre une puissance législative dans un testateur à sa mort, pour qu'il se fît craindre et respecter dans sa vie. Voilà pourquoi la loi a ensuite mis une infinité de gênes et de modifications à cette autorité non naturelle du testateur. On ne lui accorde pas la disposition de tout. On réserve la légitime, on supplée, on interprète sa volonté selon la survenance des enfants, etc. Surtout il est nécessaire de prouver l'authenticité et la solennité de l'acte. Cinq témoins, un magistrat qu'on appelle notaire, etc., sont nécessaires. On n'a dispensé de quelques formes qu'en faveur des soldats la veille du combat. D'ailleurs le testament doit être un acte public, et la famille doit savoir d'avance s'il en existe un ou non ; le public doit même le savoir : on en ignorera le contenu, mais on doit savoir qu'il y en a un. Voilà les lois romaines, voilà les lois les plus raisonnables. Mais si vous avez des lois baroques, ce n'est plus la faute de la morale. Le père de Diderot n'aurait pas pu brûler un testament, ni l'ouvrir ; et s'il était ouvert, il ne valait rien, à moins qu'il ne fût signé par cinq ou sept témoins tous vivants. Les juges devaient l'annuler. Au reste il a raison de dire que l'endroit où on l'avait trouvé ne prouve rien. Mais la moindre solennité qui eût manqué à cet acte devait le faire annuler et rendre le bien aux appelés par la loi. Il n'est pas juste d'agrandir les privilèges contre la loi primitive, et le droit de faire un testament est un privilège contre la loi primitive. Mais l'exécuteur n'était point juge ; il ne pouvait pas brûler ; les juges devaient le casser. Ainsi votre cas de conscience me paraît aisé à résoudre. La faute a été du côté de vos juges ou de vos lois. On peut avoir des lois mauvaises : il ne suffit pas de dire qu'une loi est une loi pour dire qu'elle est bonne ; voilà une des fautes des économistes. Ils établissent le despotisme légal. Dieu nous en préserve si les lois sont mauvaises, et souvent elles le sont. En avez-vous assez de mon verbiage ? (...)

10

« Un contrat de mariage est l'acte le plus important de la vie » et celui d'Angélique entraîne de « viles tracasseries ». Le « beau-père futur » s'en prend à son futur gendre un jour de mauvaise humeur. Au fond, il est inquiet surtout du bonheur de sa fille.

A sa sœur Denise

[27 août 1771]

Le père, la mère et l'enfant t'embrassent et te saluent.

Ma sœur, depuis que Caroillon a des prétentions à ta nièce, je ne sais comment il s'y est pris, mais il n'a cessé d'affliger le père, la mère et l'enfant. Ce n'est pas ainsi qu'on réussit dans ses projets.

Le dernier de ses mauvais procédés est de marchander ta nièce. Cet homme ne sait pas que, quand il me plaira, je trouverai ici un gendre riche et qui me laissera le maître absolu des articles matrimoniaux.

Voici le propos de tous ceux que je sollicite ; le propos de M. Devaines ; le propos de M. Trudaine ; celui de M. d'Aiguillon ; celui de M. Necker : « Mais, monsieur Diderot, êtes-vous donc si fort attaché à votre provincial... ? » Cela s'entend de reste. Il est bien sûr que j'aurais plus tôt trouvé dix gendres placés, qu'une place pour un gendre. — A cela je réponds : « J'ai donné ma parole à ce jeune homme. Je l'estime. Je le crois amoureux et aimé. Je n'ai point à m'en plaindre ; et je me croirais un malhonnête homme, si je retirais ma promesse sans aucun motif. » — A cette réponse, on se tait.

Mais, Sœurette, je n'ai qu'une fille. Cette fille, lorsqu'elle aura recueilli tout ce qu'elle est en droit d'attendre de moi, des miens, et du reste de mon travail à venir, aura mieux de cent mille écus. Que diable, soit qu'on considère ensuite cet enfant du côté des qualités personnelles, soit qu'on le considère du côté de la fortune, il me semble qu'il en faut passer par où il plaît à son père de nous mener.

Ajoute à cela que tôt ou tard je réussirai à lui trouver une place honnête, et à lui mettre le pied à l'étrier.

Et cet imbécile-là s'avise de faire des calculs qui ne sont ni sensés ni honnêtes. Cet homme entend trop bien son intérêt pour être amoureux. S'il se propose de faire de ma fille une spéculation d'intérêt, il se trompe. Je le démêlerai, et quand je l'aurai démêlé, je le traiterai comme il le mérite.

Il craint de faire tort à ses frères. S'il aime mieux ses frères que sa femme, qu'il reste célibataire et qu'il me laisse mon enfant. Je trouve bon qu'on aime ses parents ; mais celui qui aime mieux ses parents que sa femme est un sot ou un avare qui n'est ni mon affaire ni celle de ma fille. Angélique n'aime pas qu'on la marchande. Elle aime Caroillon ; mais s'il continue, elle le méprisera, et adieu l'amour. Je voudrais la contraindre à l'épouser, qu'elle n'en ferait rien.

Il y a eu un premier projet de contrat dressé chez [Le] Pot d'Auteuil. Ce projet (celui que Caroillon a emporté) n'avait pas le sens commun. Les époux étaient et n'étaient pas en communauté de biens. C'était un acte informe dans lequel votre nièce était lésée de tous côtés.

J'en ai fait dresser un second par un homme équitable et éclairé. Il s'appelle M. Duval, et ce second projet est tel que si M. Duval avait un fils qui prétendît à ma fille, il n'y changerait rien. Cependant il paraît que ce contrat a effarouché. Je ne suis point homme injuste ; qu'on me montre en quoi il pèche, et j'y remédierai.

L'article important est celui des *entreprises* de Caroillon dont la durée est de dix-huit ans. J'ai stipulé qu'il n'entrerait en communauté du projet de ces entreprises que la portion échue à la mort de l'un ou de l'autre. Y a-t-il quelque chose de plus juste et de plus raisonnable ? Tant que ma fille vivra, son mari n'usera-t-il pas d'elle, comme femme, comme ménagère, et cætera et cætera ? Il est donc raisonnable qu'elle partage pendant tout le temps de ses services ce que l'industrie du mari produira. Quand un fermier général se marie, est-ce que les produits de la ferme générale n'entrent pas en communauté ? Ces produits sont pourtant d'une tout autre conséquence que les baux de Caroillon.

Les autres articles sont à peu près dans l'un des projets comme dans l'autre. S'il y a quelque différence qui fasse difficulté, on n'a qu'à parler. On n'a pas de peine à me faire entendre raison. Mais pour cela, il faut me renvoyer l'original du contrat avec des apostilles raisonnées. C'est ce que je demande, et ce, sans quoi nous ne nous entendrons jamais. A force de ne pas s'entendre, on prend de l'humeur, et les affaires se rompent.

Chère sœur, fais en sorte qu'on ne me pousse pas à bout. Tu sais une partie de mes mécontentements, mais tu ne les sais pas tous. Sois sûre que jusqu'à présent j'ai été un des beaux-pères futurs le plus patient. Mais il n'y a patience dont on ne vienne à bout. Si Caroillon ne pense pas que je trouverai plus tôt pour ma fille un meilleur parti que lui, qu'il ne trouvera pour lui un meilleur parti qu'elle, il ne la mérite pas ; et sans tant tourner, il fera bien de se pourvoir ailleurs.

Au reste, tu feras de ton côté tout ce que tu voudras. Je ne t'ai jamais proposé d'aliéner ton bien à ta nièce ; c'est une idée qui est venue de toi seule. Persiste, ou ne persiste pas, tu ne m'en seras pas moins chère. Tu as pensé, avec assez de justice, que l'abbé pourrait bien la frustrer du bien de son grand-père, et tu as pensé qu'il serait bien à toi de la dédommager par un don. Si tu t'avises de changer d'avis, nous ne nous en aimerons pas moins. Ainsi mets-toi là-dessus tout à fait à ton aise. Donne, ne donne pas ; je serai toujours le même, c'est-à-dire l'homme qui s'est toujours montré fort au-dessus de l'intérêt et dont la tendresse pour sa sœur est tout à fait indépendante de sa succession.

Caroillon m'a fait une déclaration de sa fortune, tant réelle qu'en expectative. J'ai écrit à sa mère ces mots-ci : « Madame, assurez-moi que telle est en effet la fortune de votre fils ; vous êtes une honnête femme, et je m'en tiendrai à votre parole. » Je ne crois pas qu'on puisse tenir à une mère un discours plus honnête. Eh bien, qu'en est-il arrivé ? C'est que Mme Caroillon n'a pas jugé à propos de me répondre, et que son fils a changé de batterie. Voici ce qu'il me propose. Plus de communauté de biens. Une pension que je ferai ; le tiers de cette pension en douaire ; et dix mille francs de reprise pour diamants et dentelles, etc.

Ou je ne m'y connais pas, ou il n'est guère possible de rien proposer de plus malhonnête et de plus ridicule. Car voyez ce que cela signifie. Au bout de trente ans, le mari meurt, et les enfants, s'il y en a, ou les collatéraux, disent à la veuve : Reprenez votre dot ; vos cinq cents livres de douaire ; vos dix mille francs de reprise, et allez-vous-en. S'il y a un million de biens acquis pendant le mariage, la pauvre veuve qui l'aura amassé, gardé, conjointement avec son mari, n'a qu'à s'en lécher les doigts.

C'est coucher à bon compte avec une jolie femme, riche et bien élevée ; en faire sa ménagère, et risquer d'être un jour propriétaire d'une centaine de milliers d'écus, sans y mettre beaucoup du sien.

Chère sœur, il faut que toutes ces viles tracasseries finissent. Elles ne me conviennent pas.

Voyez Mme Caroillon et son fils, déterminez-les à prendre copie du dernier projet de contrat, et à me renvoyer l'original avec leurs objections. Partout où ces objections seront raisonnables, j'y satisferai avec joie. Quand elles ne me le paraîtront pas, je le démontrerai.

Ou nous finirons par nous entendre, ou par ne pas nous entendre ; et dans l'un et l'autre cas, l'affaire sera terminée.

Mais surtout veille à ce qu'on ne marchande pas ta nièce. Elle a l'âme haute, et pour peu qu'elle se vît un objet non d'attachement tendre, mais d'intérêt et d'avidité, elle aurait promptement pris son parti.

Comment ! ce Caroillon qui disait à ma femme qu'il était homme à se contenter d'une femme avec dix mille francs, en obtient trente ; sans compter une garde-robe et d'autres effets qui iront à dix mille francs ; sans compter des expectatives qui se réaliseront de jour en jour et qui porteront à la fin la fortune de sa femme à peu de chose moins de cent mille écus ; et ce Caroillon n'est pas satisfait ? Diable, il a l'appétit bien éveillé.

Je m'ennuie, mon amie, je m'ennuie de toutes ces tracasseries-là. Il faut que cela finisse d'une ou d'autre façon.

Je suis sans intérêt et sans finesse ; il faut que mon gendre me ressemble.

Ajoute à tout ce qui précède que je me tourmente pour lui trouver ici une place honnête. Si j'y réussis, comme je l'espère, il me devra encore cette place. Il y a mille femmes qui ont été mariées et qui le seront, n'ayant pour toute dot qu'une place procurée au mari par les parents de la femme.

Caroillon calcule tout ce qu'il y met ; mais il ne calcule rien de ce qu'on lui donne ; mais de ses oublis le plus choquant, c'est la personne de sa femme qu'il compte toujours pour rien. Cependant Angélique vaut bien son prix, de quelque manière qu'on la considère.

Je meurs de honte d'avoir à remettre sous les yeux de mon gendre des considérations qui devraient venir de lui.

Ma fortune à l'heure qu'il est, sans y rien ajouter, ni espérances, ni héritages, n'est pas loin de deux cent mille francs ; et si je me le mettais bien en tête, je ne désespérerais pas de la doubler.

Il faut que nos peines finissent ; Caroillon nous en a donné suffisamment et que nous n'avons guère méritées. Il est facile d'être content du lot qu'il a trouvé ; qu'il s'en contente donc ; s'il lui en faut davantage, qu'il le cherche ailleurs, mais qu'il le dise, afin que je reste en repos et que je ne coure pas la cour, la ville et les champs pour lui obtenir un état.

Si j'obtiens cet état, comme il y a tout à espérer, ces enfants entreront en ménage plus riches que je ne le suis aujourd'hui.

Voici ce que je te prie de savoir de Caroillon. Il peut compter sur quinze cents livres de rente de sa femme. Qu'aura-t-il de son côté ? Quel sera le revenu de ces deux enfants-là ? Seront-ils en état de vivre honnêtement ici ? Tâche d'avoir là-dessus une réponse précise, et surtout qu'on ne me trompe pas, car je ne le pardonnerais de ma vie.

Mariés, que prétendent-ils faire ? Ils ne peuvent loger chez moi. Où se logeront-ils ? Ont-ils un gîte tout prêt ? En attendant qu'ils aient un domicile, des meubles, une maison, que prétendent-ils devenir ?

Interroge là-dessus Caroillon, et fais qu'il me réponde. Enfin mets-toi en état de me satisfaire sur leurs projets. Ma fille ne sait rien ; et ni elle ni moi ni sa mère ne seront pas fâchés de savoir comment il se propose d'en disposer quand elle lui appartiendra.

Lis cette lettre avec Mme Caroillon. Vous êtes sages, sensées, raisonnables, et que tout s'arrange. Mais surtout sache de Mme Caroillon par quelle raison, lui ayant demandé de m'assurer que la déclaration des biens de son fils était exacte, elle ne m'a rien répondu. Tâche de lui faire comprendre la juste inquiétude que son silence doit me donner.

Donne-toi la peine de lire plusieurs fois cette lettre avant que d'y répondre. Songe qu'un contrat de mariage est l'acte le plus important de la vie, et qu'il est impossible d'y remédier quand il est mal fait.

Il ne tient qu'à Cadet d'être ou l'adjudicataire, ou l'associé, ou le cessionnaire de la portion de l'apanage du comte de Provence. C'est une affaire de la plus grande importance. Ce sont des bois, des forges, etc. Il y a une douzaine de concurrents sur lesquels j'obtiendrai la préférence par le moyen de la dame de la rue Neuve-Luxembourg à qui j'ai présenté Caroillon.

Que Cadet parte et qu'il aille à Senonches. Il a un état signé. Qu'il examine. Je paierai son voyage, s'il ne mène à rien et que la chose ne lui convienne pas.

Je n'ai qu'une fille, je la donne à l'un. Je me mets en quatre pour les servir tous. Ils pèsent avec moi des guenilles. Réunissez-vous, la mère et vous, pour faire entendre à ces enfants-là qu'il ne faut être ni vilains ni ingrats.

Je crois que Caroillon n'aime pas ta nièce. Les parents de ma femme firent dresser notre contrat, et je le signai sans le lire ; c'est que je l'aimais. Il croit que je cherche à me dégager de lui, et il me l'écrit au moment où je viens de payer les habits de noce. Fais finir toutes ces bêtises-là, je t'en prie. Tu n'as de la chaleur que quand il n'en faut point.

11

Diderot regrette de ne pas connaître l'avis de son frère sur le mariage d'Angélique.

A l'abbé Diderot

[21 août 1772]

L'abbé, je suis dans l'usage de remplir mes devoirs. Il était dans mon projet, lorsque je fis le voyage de Langres, de vous voir, de vous embrasser, de courir après mon frère ; et après l'avoir recouvré, de l'entretenir de mes vues sur sa nièce, de lui parler et de le consulter sur l'époux que je lui destinais. Mais vous savez combien il m'a été impossible de me faire ouvrir votre porte, et avec quelle dureté vous avez rendu la médiation de vos propres amis infructueuse. Si vous pouvez vous justifier à vous-même cette conduite, je vous en félicite. C'est un art que je n'aurais ni à votre place ni à la mienne. Soyez bien avec vous-même ; et quoi que vous ayez fait et quoi que vous fassiez encore, comptez que vous ne serez jamais mal avec moi. Si l'affaire la plus importante de ma vie, le bonheur du seul enfant que j'ai, s'est arrangée sans votre participation, j'espère que vous n'aurez pas du moins l'injustice de vous en plaindre. Le jeune homme et sa mère, sa très respectable mère, se sont donné la peine d'aller pour vous en entretenir ; et d'après des préventions que vous n'avez que trop autorisées, je ne présume pas que leur démarche ait eu le succès qu'ils étaient en droit d'en attendre. Cette lettre ne sera peut-être ni ouverte ni lue. Mais si je ne l'écris pas pour vous, je l'aurai écrite pour moi.

Je vous préviens donc, mon frère, aujourd'hui qu'après avoir fait attendre à Caroillon l'aîné la main de votre nièce pendant plus de deux ans, je touche au moment de récompenser sa persévérance. Le jour solennel n'est pas encore fixé ; mais je ne le crois pas éloigné. Si vous aviez, ce que je ne pense pas, quelque objection solide à me faire sur ce mariage, vous aurez à vous reprocher toute votre vie d'y avoir manqué. Je ne me reproche rien qui puisse m'avoir attiré, je ne dis pas la haine, mais la longue indifférence dans laquelle vous persistez. J'aurais avec vous des torts réels, qu'il y a longtemps que l'humanité, la raison et la religion devraient en avoir amené l'oubli. Il n'en est rien. J'en suis fâché pour le respect que vous devez à votre état, à vos principes, et au jugement public. Ah, mon frère, combien vous calomniez de choses à la fois ! Ne vous lasserez-vous point de faire durer un scandale qui amuse les méchants et qui flétrit le cœur des gens de bien ? Et le seul homme qui me refuse la justice qui m'est due, sera-ce toujours mon frère ? Mais dites-moi donc, l'abbé : quand vous auriez des raisons solides de vous plaindre de moi, que vous ont fait votre nièce, votre sœur, votre belle-sœur, la mère, le fils, le gendre, tout le reste des deux familles, pour les envelopper dans votre haine ? Quoi qu'il en soit, je vous demande votre bénédiction pour les deux jeunes époux, et ils sollicitent l'un et l'autre vos prières et votre intercession auprès du ciel pour la félicité de leur union.

Bonjour, l'abbé. Portez-vous bien ; et persuadez-vous qu'en toute occasion, vous me trouverez tel que je vous souhaite, bon frère et bon ami.

Tout autre que vous serait venu à Paris unir ces deux enfants.

Diderot.

12

En même temps, Angélique a écrit à son oncle qui lui répond :

[27 août 1772]

Mademoiselle,

Vous n'ignorez pas que je ne reconnais pour parents que les personnes qui ont de la religion. J'ai de violents soupçons sur vous à cet égard. J'ai eu des doutes sur votre religion ; mais, depuis que j'ai appris votre mariage avec M. Caroillon l'aîné, par les bruits publics, et tout nouvellement par M. Caroillon lui-même, j'ai plus que des doutes. Votre père a voulu vous rendre heureuse par le choix de l'époux qu'il vous a destiné. Il l'a dit publiquement. Le véritable bonheur des personnes qui s'unissent par les liens sacrés du mariage consiste principalement en la conformité des sentiments, en particulier de la religion... Il est notoire que M. Caroillon n'a pas de religion. Que voulez-vous que je pense de la vôtre, vu surtout l'inclination que vous paraissez avoir pour lui ?... M. Caroillon est pour sa mère la croix la plus pesante par son irréligion. Je tiens ce fait de votre chère tante, confidente intime de Mme Caroillon. Si vous aviez de la religion comme cette mère vraiment chrétienne, votre peine ne serait pas moins grande, ni vos jours moins mêlés d'amertume ; ou plutôt, jamais vous ne vous uniriez à lui... Je vous déclare que je n'approuve point votre mariage avec M. Caroillon ; que, s'il a lieu, je vous regarde comme une fille sans religion ; que vous n'êtes pas et que vous ne serez jamais ma nièce, et que l'entrée de ma maison vous sera interdite et à M. Caroillon, comme elle l'est à votre père, pour le même motif de religion.

13

Les conseils d'un père à sa fille au moment de son mariage.

A Madame Caroillon, née Diderot

[13 septembre 1772]

Ma fille, vous allez quitter la maison de votre père et de votre mère pour entrer dans celle de votre époux et la vôtre. En vous accordant à Caroillon je lui ai résigné toute mon autorité. Il ne m'en reste plus. Il n'y a qu'un moment, je vous commandais, et votre devoir était de m'obéir. A présent, je n'ai plus que le droit de conseiller. Je vais en user.

Votre bonheur est inséparable de celui de votre époux. Il faut absolument que vous soyez heureux ou malheureux l'un par l'autre. Ne perdez jamais de vue cette idée, et tremblez au premier désagrément réciproque que vous vous donnerez, car il peut être suivi de beaucoup d'autres. Ayez pour votre époux toute la condescendance imaginable. Conformez-vous à ses goûts raisonnables. Tâchez de ne rien penser que vous ne puissiez lui dire ; qu'il soit sans cesse comme au fond de votre âme. Ne faites rien dont il ne puisse être témoin. Soyez en tout et toujours comme sous ses yeux. Songez qu'une fille qui a le maintien d'une femme est indécente, et que par conséquent la femme qui sait garder le maintien décent d'une fille se respecte et se fait respecter. Vous ne sauriez montrer trop d'estime pour votre mari ; c'est un moyen sûr d'éloigner de vous les hommes sans mœurs. Quant aux témoignages secrets de votre tendresse, gardez-les pour la solitude de votre maison. C'est ainsi que vous éviterez le ridicule, les observations malignes et les propos malhonnêtes. Ménagez votre santé. La santé est à la longue la base de tous les devoirs, et peut-être la gardienne des mœurs d'un mari. Celui qui nous aime le plus, nous plaint d'abord, nous soigne, mais il finit par se lasser de nous voir souffrir. Si le spectacle du malaise commence par accroître l'intérêt, il finit toujours par le détruire. Vous rendrez votre maison si agréable à votre mari qu'il ne s'en éloignera qu'à regret, si vous êtes douce, complaisante et gaie. Vous avez un fardeau commun à porter ; chargez-vous courageusement de votre portion. Les affaires du dehors sont les siennes ; celles du dedans sont les vôtres. Ordonnez votre maison avec intelligence et économie. Votre mari sera moins à sa chose, s'il a quelque souci sur la vôtre. Rendez-vous compte à vous-même tous les jours. Ne vous couchez jamais, par quelque raison que ce puisse être, sans avoir bien connu l'état de votre journée. Ne confiez l'intérieur de votre maison à personne. Je n'en veux moi-même savoir que ce qu'il vous importera de m'en dire. Que ce soit un mystère pour tout autre. Les succès excitent l'envie ; les malheurs n'excitent guère qu'une fausse pitié. Vous me trouverez dans tous les moments fâcheux, et je dois vous suffire. Je ne vous recommande pas d'avoir des mœurs. Ce soupçon de l'inconduite, si commune aujourd'hui, m'accablerait de douleur, vous ôterait mon estime, et me chasserait de votre maison et de beaucoup d'autres. Après m'être glorifié de vous, je mourrais d'avoir à en rougir. Je suis fait à vous entendre nommer avec éloge. Je ne me ferais jamais à vous entendre nommer avec blâme. Plus vous êtes connue, par vous et par moi, plus votre désordre serait éclatant. Soyez surtout en garde contre les premiers jours de votre union. Une passion nouvelle entraîne à des indiscrétions qui se remarquent et qui deviennent le germe d'une indécence qui dégénère en habitude. On est honnête, et l'on n'en a pas l'air. C'est un grand malheur que de perdre la considération attachée à la pratique de la vertu, et que d'être confondue par l'opinion fausse qu'on donne de soi, dans la foule de celles auxquelles on a la conscience de ne pas ressembler. On se révolte contre cette injustice, et l'on a tort. On a le droit de juger les femmes sur les apparences, et s'il y a quelques personnes d'une justice assez rigoureuse pour n'en pas user et pour mieux aimer accorder le titre de vertueuse à une libertine que de l'ôter à une femme sage, c'est une grâce qu'ils vous font.

Je vous aime de toute mon âme ; si vous vous occupez à accroître ce sentiment, si vous vous demandez à vous-même : Que mon père penserait-il de moi s'il me voyait, s'il m'entendait, s'il savait, vous ferez toujours bien. Vous allez entrer dans le monde ; prenez garde à vos premiers pas. Etablissez bien votre caractère. Recevez tous ceux qu'il plaira à votre mari de vous présenter ; il a du sens, de la raison, et j'espère qu'il n'ouvrira sa porte à aucun homme suspect. Ne vous hâtez pas de juger ; mais un personnage une fois bien démasqué pour vous, qu'il le soit aussitôt pour votre mari. Ayez le moins de réticences qu'il est possible, parce qu'il est impossible d'en deviner les suites. Restreignez, restreignez encore votre société. Où il y a beaucoup de monde, il y a beaucoup de vices. La société nombreuse n'est nécessaire qu'à ceux qui s'ennuient et qui sont mal avec eux-mêmes. Jugez de ma satisfaction par la fréquence de mes visites. Plus je serai content de vous, plus vous me verrez. Malheur à vous, et malheur à moi, si je craignais de passer devant votre porte ! Mon enfant, j'ai tant pleuré, tant souffert depuis que je suis au monde. Console-moi. Dédommage-moi. Je te laisse aller avec une peine que tu ne saurais concevoir. Je te pardonne bien aisément de ne pas éprouver la pareille. Je reste seul, et tu suis un homme que tu dois adorer. Du moins, au lieu de causer avec toi, comme autrefois, quand je causerai seul avec moi, que je me puisse dire en essuyant mes larmes : Je ne l'ai plus, il est vrai ; mais elle est heureuse. Si vous ordonnez bien vos premières journées, ce sera un modèle auquel vous n'aurez plus qu'à vous conformer pour les autres. Levez-vous de bonne heure ; donnez à vos détails domestiques de toute espèce les premières heures de votre matinée ; peut-être même toute votre matinée. Fortifiez votre âme. Ornez votre esprit par la lecture dont vous avez été assez heureuse pour recevoir le goût. Ne négligez pas votre talent. C'est le seul côté par lequel vous puissiez peut-être vous distinguer sans qu'il vous en coûte aucun sacrifice essentiel. Quoique vous n'ayez plus besoin de maître, gardez-le, ne fût-ce que pour vous assujettir à travailler. Craignez la dissipation. C'est le symptôme de l'ennui et du dégoût de toute occupation solide. Si je passais chez vous plusieurs jours de suite sans vous y trouver, j'en serais très attristé. Si vous y trouvant, j'étais assez heureux pour vous y voir occupée selon mon souhait, mon cœur nagerait dans la joie tout le reste de la journée. Je vous ordonne de serrer cette lettre, et de la relire au moins une fois par mois. C'est la dernière fois que je vous dis *Je le veux*.

Adieu, ma fille, adieu, mon cher enfant. Viens que je te presse encore une fois contre mon sein. Si tu m'as trouvé quelquefois plus sévère que je ne devais, je t'en demande pardon. Sois sûre que les pères sont bien cruellement punis des larmes, justes ou injustes, qu'ils font verser à leurs enfants. Tu sauras cela un jour, et c'est alors que tu m'excuseras. Si tu profites de ces conseils, ils seront le plus précieux de tous les biens que tu puisses obtenir de moi. Je te bénis dix fois, cent fois, mille fois ; va, mon enfant. Je n'entends rien aux autres pères. Je vois que leur inquiétude cesse au moment où ils se séparent de leurs enfants ; il me semble que la mienne commence. Je te trouvais si bien sous mon aile ! Dieu veuille que le nouvel ami que tu t'es choisi soit aussi bon, aussi tendre, aussi fidèle que moi.

Ton père,

Diderot.

Le 13 septembre, quatre jours après ton mariage.

14

Diderot, dix jours après le mariage d'Angélique.

A Grimm

[19 septembre 1772]

Mon ami, je suis seul ; je suis désolé d'être seul, et je ne sens que cela. Toute la famille vient aujourd'hui dîner chez moi. Si sur le soir, à six, à sept, à huit heures, vous vouliez vous trouver chez vous, nous irions vous voir moi, les deux enfants, la belle-mère et ma pauvre sœur qui se meurt de vous embrasser. Elle est aussi bonne sœur que vous êtes bon ami. Vous saurez ce qu'elle est venue faire, et qu'elle a fait.

Mon ami, j'ai depuis huit jours l'âme navrée de tant de douleurs, j'ai reçu tant de coups violents, que je ne sais quand j'en reviendrai. Je n'aurais pas voulu mourir la veille du mariage de ma fille, car ce mariage ne se serait pas fait. Mais j'avais tant besoin de repos le lendemain, que celui qui finit tout et qui ne finit point m'aurait semblé un grand bonheur.

Bonjour, mon ami ; bonjour, mon tendre ami. Mon âme est devenue si douloureuse que je ne vois rien, n'entends rien, sans émotion. Tout m'affecte. J'ai ouvert votre billet en pleurant ; je l'ai lu en pleurant ; je vous écris en pleurant. Cependant il n'y a pas sujet. Je me le dis, et je n'en pleure pas moins. Je n'oublierai jamais l'instant de la cérémonie ; mon enfant, qui ne manque ni de raison ni de courage, perdit la tête et se trouva mal à plusieurs reprises. Je vous laisse à penser ce que je devins. Il n'y eut que sa mère qui se posséda. Elle aime cependant sa fille. Dites-moi donc comment on allie tant de dureté avec quelque sensibilité.

Bonjour, mon Grimm. Vous me resterez toujours, vous ; n'est-il pas vrai ?

Si vous ne me faites pas de réponse, nous irons vous voir entre sept et huit.

15

Quatre jours plus tard, Ceci n'est pas un conte *et* Mme de La Carlière *sont rédigés, semble-t-il.*

A Grimm

[23 septembre 1772]

Comme votre visite est remise à demain à sept heures et demie, vous passez ici la journée. En conséquence, je serai chez vous ce soir entre cinq et six, plus proche de six. Tâchez de vous y trouver. Vous me donnerez mon argent, si cela vous convient. Je vous répète, mon ami, que je n'en suis pas pressé. Je vous porterai les deux contes, et cætera.

Mais êtes-vous bien sûr que ce soit à sept heures et demie du matin ?

Etes-vous bien sûr que se soit demain ?

J'ai vu Liégeois, que j'ai renvoyé chez Petit, parce qu'il ne savait ni l'un ni l'autre, tant il avait sottement fait sa commission.

Bonjour.

16

*Dans la longue lettre de rupture écrite par Diderot à son frère le 13 novembre 1772, la véhémence du ton révèle que la mésentente touche Diderot au plus intime de lui-même. On y trouve des arguments qu'il reprendra, sous une forme plus élaborée, dans l'*Entretien avec la Maréchale.

Ah, mon frère, que votre prédiction s'accomplisse ! Qu'au lit de la mort, l'existence de Dieu, l'immortalité de l'âme, la juste rétribution des châtiments et des récompenses, les avis paternels, les instructions maternelles, les bons exemples de parents religieux, reviennent sur moi dans toute leur force. Je n'en serai pas plus affligé dans ce moment-là que dans celui-ci. Je serai toujours sincère avec moi-même. S'il plaît à la grâce de me dessiller les yeux, je reconnaîtrai mon erreur sans m'en désespérer, parce qu'elle est tout à fait involontaire, et que, du reste, mes opinions n'ont point détérioré ma conduite. Si j'avais été chrétien, j'aurais fait tout ce que j'ai fait, et rien presque de ce que vous faites. Mon cher abbé, je ne mettrai pas dans un des plats de la balance vos bonnes œuvres, et dans l'autre les miennes. Tout ce que je puis vous dire, c'est que je ne changerais pas, dussé-je y gagner ! Soyez bien sûr que j'ai aussi envoyé ma provision de voyage dans mon tombeau, au cas que j'en sorte, avec cette différence que je n'ai pas prêté à usure, et que je n'ai pas dit à Dieu : Donne-moi ton paradis pour un milliard. — Mon ami, *non bis in idem*. Je suis si malheureux quand je fais mal, que je n'en serai pas châtié deux fois ; et si heureux quand je fais bien, que je me tiens pour suffisamment récompensé dès la première.

17

Angélique mariée ne saura-t-elle bientôt plus que « minauder, médire et sourire » ? Faut-il s'en prendre au mari « moitié grave et moitié freluquet » ou au mariage, que Mme de la Carlière *met en question ?*

A Grimm

[9 décembre 1772]

J'étais en beau train de faire la suite de ces contes[1], je touchais à la fin du préambule, lorsque votre commissionnaire est venu.

J'assisterai sûrement à ces deux solennels dîners ; et ce n'est pas sans quelque répugnance. J'aime mieux être seul, quoique je ne sois pas trop content quand je suis seul.

Mon ami, j'ai donné ma fille à un personnage moitié grave et moitié freluquet.

J'avais accoutumé cet enfant à la réflexion, à la lecture, au plaisir de la vie retirée, au mépris de toutes les frivolités qui évaporent la vie entière des femmes, à la modestie dans les vêtements, au goût de la musique et de toutes bonnes choses. Ce petit monsieur veut que, dès le matin, sa femme soit parée comme une poupée, et qu'elle passe la journée en décoration pour lui plaire. Il souffre avec peine qu'au retour d'une visite elle se débarrasse de ses incommodes et somptueux harnais. Il n'a de l'harmonie que dans les yeux ; c'est son mot. L'enfant qui tient encore à ses anciens errements paternels se révolte, se plaint, jette feu et flamme, et ne s'accommode point du tout de toutes les fades et plates leçons de son pédant petit-maître.

1. Il s'agit sans doute de la trilogie formée par *Ceci n'est pas un conte, Mme de La Carlière* et le *Supplément au Voyage de Bougainville.*

J'assistais à ces scènes-là qui me montraient en ma fille une tête mûre contredite par une tête, entre nous, d'écolier. Je m'en suis lassé et me suis un peu renfermé. Mon ami, on travaille à faire de mon enfant une sotte petite, plate, impertinente, qui incessamment ne saura rien que bien placer un pompon, minauder, médire, et sourire. Cela me désole...

Partons, partons vite, mon ami. La vie me pèse. Je ne saurais ni me bannir absolument de cette maison, ni y être à mon aise.

Ce n'est pas tout. On trouve qu'elle n'a pas suffisamment de robes. Il en faudrait, je crois, pour toutes les heures du jour, afin de contenter la vanité de mon petit fleuriste qui voudrait pour son passetemps que sa pauvre tulipe se panachât diversement à chaque minute.

J'y consens ; qu'on lui fasse une robe, si celles qu'elle a ne suffisent pas. Mais dites-moi, faut-il que cette robe soit prétintaillée, gazée, fanfreluchée de la tête aux pieds ? Faut-il jeter un argent infini à ces guenilles-là ? Et quand j'y vois employer quinze louis, est-il possible que je ne souffre pas ?

Cela est sans jugement, sans délicatesse, sans connaissance de ses vrais intérêts.

Sans jugement. Que voulez-vous que pensent et disent les femmes des protecteurs, quand elles voient leur protégée aussi parée qu'elles ?

Sans délicatesse. Que voulez-vous que sente un homme qui a abandonné toute sa fortune à la merci des insensés morveux-là ?

Sans connaissance des vrais intérêts. Car ou la fortune répond aux apparences, et l'on prononce que ces jeunes gens-là sont riches ; ou la fortune n'y répond pas, et l'on prononce que ces jeunes gens-là sont fous. Et prend-on bien de l'intérêt ou à des riches qui sollicitent comme s'ils étaient pauvres, ou à des gens qui sont insensés ?

Je ne dis pas ces choses-là au mari, parce qu'il est très suffisant et que ce serait pour lui un fieffé radotage ; ou peut-être parce que cela m'attirerait une impertinence que je ne souffrirais pas, et qu'il est d'autant plus sage de ne pas amener.

J'en parle à la femme, qui est si sensible à mes remontrances qu'elle en pleure, qu'elle s'en afflige, et que sa santé s'en dérange.

Je ne saurais faire le bien du mari par mes remontrances ; je ne fais que le mal de la femme. Il faut donc jeter le manche après la cognée, et laisser tout aller comme il pourra. Mais il ne faut pas être témoin de cela. D'où je conclus derechef : Partons, partons vite, et allons oublier bien loin des enfants qui ne valent pas la peine qu'on s'en souvienne.

Je paie à Eckardt [1] des leçons fort chères. Le mari s'en fout ; et la femme, qui étudie du matin au soir tous les petits goûts pervers du mari, s'en soucie peut-être fort peu ; ou, si cela n'est pas encore, cela ne tardera pas, parce qu'il n'y a rien dont la persécution domestique ne vienne à bout.

Le projet ou arrêté de réflexion, ou exécuté sans qu'on s'en doute, est de transformer mon enfant en une fieffée petite-maîtresse du second ordre ; c'est-à-dire dans l'espèce la plus insignifiante et la plus ridicule que nous connaissions.

Ce qu'il y a de fâcheux, c'est que ce jeune homme, avec des qualités très solides d'ailleurs, ne sent pas combien cela touche de près aux mœurs.

J'aurai voulu que, tandis que le mari serait à ses affaires, la femme fût à son domestique, à ses livres, et à son clavecin. Il n'entend pas cela, lui. Il ne sait pas que, quand il lui aura inspiré le goût de la parure, des fadaises et de la dissipation ; que, quand elle aura tout oublié, qu'elle ne saura que faire seule, qu'elle s'ennuiera chez elle, il faudra qu'elle coure et qu'elle aille où elles vont toutes.

J'ai été tenté de lui envoyer cette lettre à lui-même,

1. Le professeur de piano d'Angélique.

afin qu'elle le fît un peu réfléchir ; mais je la trouve amère. Je la garde, pour la rectifier, en prendre ce qui peut lui servir, et vous la donner ensuite.

Venez ce soir chez Mme de Maux ; ou, si cela ne se peut, attendez-moi chez vous sur les six à sept heures ; et tâchez de ne pas vous ennuyer du rôle d'ami. Où voulez-vous que j'aille porter ma peine et mon souci, si vous lui fermez la porte ? Bonjour.

18

Diderot séjournant en Hollande au retour de Russie est plus surveillé qu'il ne croit. Un honorable correspondant renseigne les autorités françaises sur ce qu'il fait, ce qu'il dit, ce qu'il écrit...

[La Haye, le 26 août 1774]

L'ouvrage qu'on prétend que le sieur Diderot a offert à un libraire hollandais, et que celui-ci a refusé, est un *Dialogue* entre ce philosophe et une maréchale en attendant l'honneur de dîner avec le maréchal. « Vous ne croyez donc point en Dieu ? » dit la maréchale. C'est le début du dialogue. On ajoute que le sieur Diderot, frappé de l'éloignement du libraire pour ce genre de métaphysique, a dit, en serrant son manuscrit, qu'il ne lui laisserait point voir le jour.

Il est logé chez le ministre de Russie, qui voit peu de monde. Je n'entends pas dire au surplus qu'il tienne d'autres propos sur sa patrie que ceux d'un citoyen respectueux envers le roi. Jusqu'ici son existence à La Haye est à peine sensible. On ne le voit nulle part.

TABLE

CONTES ET ENTRETIENS

Imprimé en France par CPI
en janvier 2019

Dépôt légal : 2e trimestre 1977
N° d'édition : L.01EHPN000573.A003
N° d'impression : 151078